金陵全書

乙編·史料類

江寧府乾隆十年分田地人丁清册　（清）佚名　編

江寧上元救生局公牘　（清）佚名　編

江南善政前後匯録　（清）陶熾昌　編

署理江寧府句容縣事公牘存稿　（清）鄧炬　撰

南京出版社
南京出版傳媒集團

圖書在版編目（CIP）數據

江寧府乾隆十年分田地人丁清册·江寧上元救生局公牘·江南善政前後匯録·署理江寧府句容縣事公牘存稿 /（清）佚名,（清）陶熾昌編；（清）鄧炬撰. -- 南京：南京出版社, 2024.8

（金陵全書）

ISBN 978-7-5533-4767-7

Ⅰ. ①江… Ⅱ. ①佚… ②陶… ③鄧… Ⅲ. ①南京－地方史－史料－清代 Ⅳ. ①K295.31

中國國家版本館CIP數據核字（2024）第087217號

書　　名　【金陵全書】（乙編·史料類）
　　　　　江寧府乾隆十年分田地人丁清册·江寧上元救生局公牘·江南善政前後匯録·署理江寧府句容縣事公牘存稿
作　　者　（清）佚名　（清）佚名　（清）陶熾昌　（清）鄧炬
出版發行　南京出版傳媒集團
　　　　　南 京 出 版 社
　　　　　社址：南京市太平門街53號　　郵編：210016
　　　　　網址：http://www.njcbs.cn　　電子信箱：njcbs1988@163.com
　　　　　聯繫電話：025-83283893、83283864（營銷）　025-83112257（編務）

出 版 人　項曉寧
出 品 人　盧海鳴
責任編輯　程　瑶
裝幀設計　楊曉崗
責任印製　楊福彬

製　　版　南京新華豐製版有限公司
印　　刷　南京凱德印刷有限公司
開　　本　889毫米×1194毫米　1/16
印　　張　36
版　　次　2024年8月第1版
印　　次　2024年8月第1次印刷
書　　號　ISBN　978-7-5533-4767-7
定　　價　800.00元

用微信或京東APP掃碼購書

用淘寶APP掃碼購書

總序

南京，古稱金陵，中國著名的四大古都之一，是國務院首批公佈的國家歷史文化名城。

南京有着五十萬年的人類活動史，約三千一百年的建城史，約四百五十年的建都史，享有『六朝古都』『十朝都會』的美譽。南京歷史的興衰起伏在某種程度上可以説是中國歷史的一個縮影。在中華民族光輝燦爛的歷史長河中，古聖先賢在南京創造了舉世矚目、富有特色的六朝文化、南唐文化、明文化和民國文化，爲中華民族文化的傳承和發展做出了不朽貢獻。然而，由於時代的遞遷、戰爭的破壞以及自然的損毁等原因，歷史上南京的輝煌成就以物質文化形態留存下來的相對較少，見諸文獻典籍的則相對較多。南京文獻内涵廣博，卷帙浩繁，版本複雜。截至一九四九年中華人民共和國成立，南京文獻留存下來的有近萬種，在全國歷史文化名城中名列前茅。以六朝《世説新語》《文心雕龍》《昭明文選》，唐朝《建康實録》，宋朝《景定建康志》《六朝事迹編類》，元朝《至正金陵新志》，明朝《洪武京城圖志》《金陵古今圖考》《客座贅語》，清朝《康熙江寧府志》《白下瑣言》，民國《首都計劃》《首都志》《金陵古蹟圖考》等爲代表的南京地方文獻，不僅是南京文化的集中體現，也是中華民族優秀傳統文化的重要組成部分。這些南京文獻，積澱貯存了歷代南京人民的經驗和智慧，翔實地反映了南京地區的社會變遷，是研究南京乃至全國政治、經濟、軍事、文化、外交和民風民俗的重要資料。

歷史上的南京文化輝煌燦爛，各類圖書典籍琳琅滿目。迄今爲止，南京文獻曾經有過三次不同程度的整理。

第一次是距今六百多年前的明朝永樂年間，明朝中央政府在南京組織整理出版了《永樂大典》。《永樂大典》正文二萬二千八百七十七卷，凡例和目録六十卷，分裝成一萬一千零九十五册，總字數約三億七千萬字。書中保存了中國上自先秦、下迄明初的各種典籍資料達七八千種，是中國古代最大的類書。

第二次是民國年間，南京通志館編印了一套《南京文獻》。《南京文獻》每月一期，從一九四七年元月至一九四九年二月共刊行了二十六期，收入南京地方文獻六十七種，包括元明清到民國各個時期的著作，其中收録的部分民國文獻今天已經成爲絶版。

第三次是二〇〇六年以來，南京出版社選取部分南京珍貴文獻，整理出版了一套《南京稀見文獻叢刊》點校本，到二〇二〇年，已經出版了六十九册一百零五種，時代上起六朝，下迄民國，在學術普及方面做出了一定的貢獻。

中華人民共和國成立以來，尤其是改革開放以來，南京的政治、經濟、文化建設飛速發展，但南京文獻的全面系統整理出版工作一直没有得到應有的重視，這與南京這座國家歷史文化名城的地位頗不相稱。據調查，目前有關南京的各類文獻主要保存在南京圖書館、南京市檔案館，以及全國各地的高等院校、科研院所、圖書館、檔案館、博物館，少數流散於民間和國外。一方面，廣大讀者要查閱這些收藏在全國各地的南京文獻殊爲不便；另一方面，許多珍貴的南京文獻隨着歲月的流逝而瀕臨損毁和失傳。南京文獻的存史、資治、教化、育人功能没有得到應有的發揮。

盛世修史（志）。在中華民族和平崛起和大力弘揚民族傳統文化、全力發展民族文化事業的大背景下，在建設『文化南京』的發展思路下，中共南京市委、南京市人民政府於二〇〇九年十二月做出决定，將南京有史以來的地方文獻進行全面系統的匯集、整理和影印出版，輯爲《金陵全書》（以下簡稱《全書》），以更好地搶救和保護鄉邦文獻，傳承民族文化，推動學術研究，促進南京文化建設；同時，也更爲有効地增加南京文獻存世途徑，提昇南京文獻地位，凸顯南京文獻價值。

爲編纂出能够代表當代最高學術水平和科技成就，又經得起時間檢驗的《全書》，我們將編纂工作分成三個階段進行。第一個階段爲調研階段，主要對南京現存文獻的種類、數量、保存現狀以及收藏地點等進行深入細緻的調研，召集專家學者多次進行學術論證和可操作性論證，撰寫出可行性調查報告，爲科學決策提供依據，此項工作主要由中共南京市委宣傳部和南京出版社組織完成。第二個階段爲啓動階段，以二〇〇九年十二月二十四日召開的『《金陵全書》編纂啓動工作會』爲標志，市委主要領導親自到會動員講話，市委宣傳部對《全書》的編纂出版工作作了明確部署。在廣泛徵求專家學者意見的基礎上，確定了《全書》的總體框架設計，確定了將《全書》列爲市委宣傳部每年要實施的重大文化工程，確定了主要參編責任單位和責任人，並分解了任務。第三個階段爲編纂出版階段，主要在全國範圍内進行資料的徵集、遴選和圖書的版式設計、複製、排版及印製工作。

爲了確保《全書》編纂出版工作的順利進行，中共南京市委、南京市人民政府成立了專門的編纂出版組織機構。其中編輯工作領導小組，由中共南京市委、市政府領導以及相關成員單位主要負責人組成；《全書》的編纂出版工作由市委宣傳部總牽頭；學術指導委員會，由蔣贊初、茅家琦、梁白泉等一批全國著名的專家學者組成，負責《全書》的學術審核和把關。

《全書》分爲方志、史料、檔案和文獻四大類。自二〇一〇年起，計劃每年出版四十册左右。鑒於《全書》的整理出版工作難度較大，周期較長，在具體操作中，我們採取了分工協作的方式。市委宣傳部和南京出版社負責《全書》的總體策劃，其中方志部分，主要由南京市地方志編纂委員會辦公室和南京出版傳媒集團·南京出版社共同承擔；史料和文獻部分，主要由南京圖書館承擔；檔案部分，主要由南京市檔案局（館）承擔。《全書》的編輯出版，得到了江蘇省文化廳、江蘇省新聞出版局、江蘇省檔案局（館）、南京大學、南京圖書館、南京市文廣新局、南京市社科聯（社科院）、南京市文聯、金陵圖書館以及各區委宣傳部和地方志辦公室等單位及社會各界的熱情鼓勵和大力支持，尤其是得到了中國國家圖書館和全國各地（包括港臺地區）高等院校、科研院所、圖書館、檔案館、博物館等藏書單位的鼎力相助，在此表示深深的謝意！

我們相信，在中共南京市委、南京市人民政府的長期不懈支持下，在各部門、各單位的積極配合和衆多專家學者的共同努力下，這項功在當代、利在千秋的傳世工程一定能够圓滿完成。

《金陵全書》編輯出版委員會

凡例

一、《金陵全書》（以下簡稱《全書》）收録的南京文獻，分爲方志、史料、檔案和文獻四大類。

二、《全書》按上述四大類分爲甲、乙、丙、丁四編，以不同的封面顔色加以區分；每編酌分細類，原則上以成書時代爲序分爲若幹册，依次編列序號。

三、《全書》收録南京文獻的地域範圍，包括了清代江寧府所轄上元、江寧、句容、溧水、高淳、江浦、六合。

四、《全書》收録的南京文獻，其成書年代的下限爲一九四九年。

五、《全書》收録方志、史料和文獻，盡量選用善本爲底本。《全書》收録的檔案以學術價值和實用價值較高爲原則，一般選用延續時間較長、相對比較完整的檔案全宗。

六、《全書》收録的南京文獻底本如有殘缺、漫漶不清等情況，必要時予以配補、抽换或修描，以保證全書完整清晰；稿本、鈔本、批校本的修改、批注文字等均保留原貌。

七、《全書》收録的南京文獻，每種均撰寫提要，置於該文獻前，以便讀者了解其作者生平、主要内容、學術文化價值、編纂過程、版本源流、底本採用等情況。

八、《全書》所收文獻篇幅較大時，分爲序號相連的若幹册；篇幅較小的文獻，則將數種合編爲一册。

九、《全書》統一版式設計，大部分文獻原大影印；對於少數原版面過大或過小的文獻，適當進行縮小或放大處理，並加以説明。

十、《全書》各册除保留文獻原有頁碼外，均新編頁碼，每册頁碼自爲起訖。

總目録

金陵全書

乙編·史料類

江寧府乾隆十年分田地人丁清册

（清）佚名 編

南京出版傳媒集團
南京出版社

提要

《江寧府乾隆十年分田地人丁清册》不分卷，清佚名編。

清代地方賦税體系，是在明萬曆中葉『一條鞭法』普遍推行，『總括一州縣之賦役，量地計丁，丁糧畢輸于官。一歲之役，官爲僉募』的基礎上繼承發展而成的。《江寧府乾隆十年分田地人丁清册》（以下簡稱《清册》）依次記載江寧府及所轄上元、江寧、句容、溧水、高淳、江浦六縣在乾隆十年（一七四六）的地畝、人丁等課税對象的數額，田賦丁銀等税收額度及税收的各種分配、支出情况。其中『江寧府』部分反映的是所轄各縣地丁額數、田賦丁銀等税收及各項財政支出的總和。《清册》無論是江寧府總則還是各縣分則，體例一致，均先記載賦税收入，後羅列財政支出，力求達到收支相抵。《清册》是清代中期地方經濟史、財政史研究的珍貴原始資料。

就人丁與丁銀部分來看，《清册》反映了清代前中期人丁編審與丁銀徵收制度的發展演變情况。人丁，本意是十六到六十歲的成丁男子，是朝廷官府徭役與丁銀的課徵對象。清代的人丁編審和丁銀徵收制度源自明代。明代中期，官府開始推行『一條鞭法』，將各項照丁派徵的差役折銀和原本計丁口徵繳的食鹽鈔等合爲一項開載派徵，形成統一的丁銀。順治年間，清廷在明代人丁編審制度的基礎上形成了五年一届編審之制和統一的奏報制度，以及將丁數增長與地方官政績挂鈎的機制。從《清册》來看，江寧府各縣于順治十四年（一六五七）、康熙元年（一六六二）、康熙四年、康熙十一年、康熙十五年、康熙二十年、康熙二十五年、康熙三十年、康熙三十五年、康熙四十年、康熙四十五年、康熙五十年、康熙五十五年、康熙六十年、雍正四年（一七二六）、雍正九年、乾隆元年、乾隆六年都曾開展人丁編審清查。但是，《清册》中有些縣份，缺少了某幾届人丁編審的增丁記録，江寧府屬各縣康熙五十五年到雍正四年間的三次編審，除句容縣外，其餘各縣均無增丁，雍正九年起的編審，各縣人丁雖多有滋生，但各縣之間，乃至同一縣内的歷次編審，滋生丁數多寡懸殊，且仍不乏無增丁的現象。其中上元縣自康熙五十五年至乾隆六年間，竟然完全没有滋生人丁。另有些縣份，歷届編審增丁寥寥。如句容縣，自康熙三十五年到康熙六十年，連續六届人丁編審，每届均審增十七丁。顯然，盡管清廷制定了嚴格的人丁編審制度，但丁銀的繳納與催徵令廣大民衆和地方官不堪其累，在民衆的抵制和地方官的敷衍之下，這一制度往往形如具文，載籍人丁的增長情況與實際人口往往脱鈎。

另一點值得注意的是，《清册》中的人丁數額出現了零尾餘數。如江寧府總額部分，記載本府『共人丁壹拾陸萬捌千肆百捌拾肆丁壹分伍釐……乾隆元年、陸年共增人丁壹千貳百壹拾丁伍分欽遵恩詔永不加賦』。清代人丁出現零尾餘數，是較爲普遍的現象，原因有二：一是優免人丁的折丁，所謂優免人丁，即官吏紳衿可依品級身份優免一定數額的賦税丁徭，『以禮致仕者免十分之七。閑住者免一半』，在折算時即會出現半丁餘數。《清册》中，亦有優免人丁的記載，如江寧府『原額人丁壹拾肆萬伍千捌百肆拾伍丁，内除優免人丁貳千貳百壹拾陸丁陸分，實在當差人丁壹拾肆萬叁千陸百貳拾捌丁肆分』。二是攤丁入地的結果。自晚明以來，許多地方將丁銀派入地畝或田賦徵收。攤丁入地減輕了無地、少地百姓的負擔，同時緩解了基層徵繳丁銀的壓力。康熙五十一年，清廷頒布『滋生人丁永不加賦』詔，將康熙五十年的載籍人丁數作爲定額，日後編審新增人丁則作爲『滋生人丁』，免徵丁銀，這一政策使丁銀額數固化，加速了各地攤丁入地的進程。雍正年間，各省普遍推行攤丁入地。《清册》各縣中丁銀部分，均注明『前項人丁銀兩已于丁隨田辦以廣皇仁事案内詳奉督撫兩院題准部覆在于該縣田地項下攤徵』。在攤丁入地、丁隨地起的方式下，載籍人丁往往與實際的丁壯完全脱鈎，轉而與地畝或田賦挂鈎，數額隨後者的增減而相應增減，有些載籍人丁因而出現了『分釐毫絲』等零尾餘數，『人丁』一詞的含義由此更爲復雜了。可見，清代『人丁』既不等于成年男子，也不能籠統概括爲『賦税單位』，其含義必須結合具體的語言環境與時代背景加以判斷。

《金陵全書》收録的《江寧府乾隆十年分田地人丁清册》以中國國家圖書館藏清抄本爲底本影印出版。

薛理禹

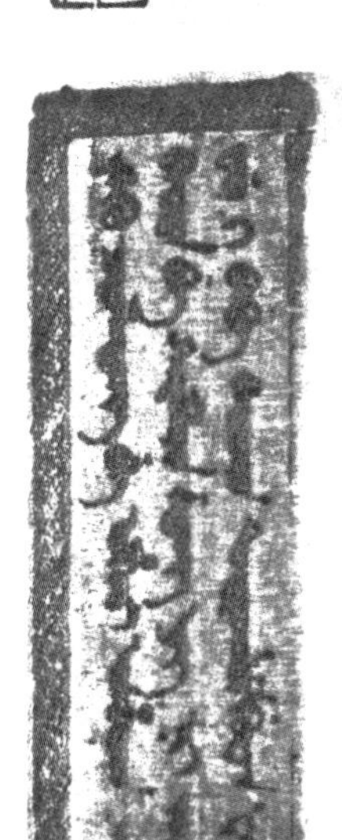

江寧府

乾隆拾年分

原額田地山蕩蘆蕩草場灘蕩蘆墩基埂水塘泥灘雜產除江浦縣丈減田地山塘併溧陽縣改歸鎮江府管轄外實該併陞科共田地伍萬貳千陸百叁拾壹頃陸拾壹畝伍分玖釐貳毫柒絲貳忽貳微貳纖壹沙壹塵肆渺原額應徵併優免充餉及節年陞科改則並溧水高淳貳縣清釐寄莊田地案內劃正等項共徵銀貳拾叁萬貳千陸百玖拾兩肆錢壹分陸釐陸毫壹絲叁微壹纖貳塵肆渺肆漠捌埃陸逡貳巡伍須內有乾隆叁年起均編禮屬藥材銀肆

江寧府乾隆十年分田地人丁清册

拾貳兩貳錢肆分肆釐柒毫柒絲肆忽陸微陸纖陸沙陸塵陸渺陸漠柒埃

原額人丁壹拾肆萬伍千捌百肆拾伍丁內除優免人丁貳千貳百壹拾陸丁陸分實在當差人丁壹拾肆萬叁千陸百貳拾捌丁肆分又節年審增人丁貳萬肆千壹百叁拾肆丁貳分伍釐乾隆元年編審增人丁貳百陸拾貳丁伍分乾隆陸年審增人丁肆百伍拾玖丁共人丁壹拾陸萬捌千肆百捌拾肆丁壹分伍釐內除康熙伍拾伍陸拾年併雍正肆年玖年併乾隆元年陸年共增人丁壹千貳百壹拾丁伍分欽遵

恩詔永不加賦外實在當差併上元衛丁改入額內徵解共人丁壹拾陸萬柒千
貳百柒拾叁丁陸分伍釐原額應徵
除優免餘丁外實該併新增及衛丁
改入縣額徵解並溧水高淳貳縣清
釐寄莊田地案內劃正共銀貳萬貳
千貳百玖拾兩陸錢肆分壹釐肆毫
查前項人丁銀兩於丁隨田辦以廣
皇仁事案內詳奉督撫貳院
題准部覆在於各該縣田地項下攤徵在案理合登明
又不在丁田雜辦及額外船梔鈔課雇商稅鈔銀各項併河
泊所額徵除上元縣草場丈減外實
該額徵除上元高淳貳縣草場減豁
外實該銀壹萬壹千伍百捌拾柒兩
伍錢壹分玖釐玖毫肆絲貳忽玖微

肆織伍沙伍塵肆渺肆漠查此雜辦項下内有匠班銀叁百貳拾陸兩捌錢陸分陸釐伍毫業於覆例詳請等事案内詳奉督撫貳院

題准部覆在於各屬田地項下攤徵在案理合登明

以上地丁雜辦等項陸增改則共銀貳拾陸萬陸千伍百陸拾捌兩伍錢柒分柒釐玖毫伍絲叁忽貳微伍纖伍沙柒塵捌渺捌漠捌埃陸逡貳巡伍須内除蠲免江寧縣黄實樹房租銀柒拾兩捌分捌釐外實該銀貳拾陸萬陸千肆百玖拾捌兩肆錢捌分玖釐玖毫伍絲叁忽貳微伍纖伍沙柒塵捌渺捌漠捌埃陸逡貳巡伍須查江甯縣本年秋

被水災田地陸頃肆拾貳畝壹分陸
釐叁毫據該府縣勘確於盡報各屬
等事案內詳奉督漕河撫各部院會
疏具
題照例蠲免地丁等銀壹拾捌兩陸錢陸釐伍絲捌忽柒微貳纖陸沙壹塵
伍埃叁逡陸巡伍須實徵銀貳拾陸
萬陸千肆百柒拾玖兩捌錢捌分叁
釐捌毫玖絲肆忽伍微貳纖玖沙陸
塵捌渺捌漠叁埃貳逡陸巡內
隨漕輕齎席木正杠費並徵漕贈五銀等
項共銀玖千貳百伍兩肆錢叁分陸
釐陸毫伍絲柒忽肆微叁塵貳渺陸
漠應聽各該縣分別起解給軍支銷
造報糧道轉報總漕部院奏銷

續增漕折銀捌千貳百壹拾柒兩陸錢叁
分貳釐玖毫捌忽捌微肆纖壹沙柒
塵伍渺肆漠叁埃應抵補不敷行月
應聽糧道造報總漕部院奏銷
河工項下輕齎改派車盤溜夫等項銀柒
千叁百叁拾兩伍錢伍分叁釐捌毫
柒絲玖微柒纖陸沙貳塵貳漠內除
本年被災蠲免銀伍錢肆分肆釐伍
毫伍絲伍忽肆纖玖沙叁塵叁渺陸
漠捌埃肆逡柒巡實徵銀柒千叁百
叁拾兩玖釐叁毫壹絲伍忽玖微貳
纖陸沙捌塵陸渺伍漠壹埃伍逡叁
巡應聽管河衙門造報總河部院奏
銷解貴木御歷文倉改即共銀貳百

壹拾伍兩叁錢壹分肆釐柒毫柒微
玖纖壹沙叁渺內除本年被災蠲免
銀壹分伍釐柒毫伍絲伍忽玖微肆
纖貳沙玖塵伍渺伍漠貳埃壹逡肆
巡實徵銀貳百壹拾伍兩貳錢玖分
捌釐玖毫肆絲肆忽捌微肆纖捌沙
柒渺肆漠柒埃捌逡陸巡應聽隨正
支銷

額外船桅鈔編徵六合縣併不在縣屬徵
解共銀貳百玖拾柒兩伍錢肆分係
雜項另徵錢糧於省城公費租稅錢
糧冊內彙冊報銷

額外課程商稅鈔銀柒千叁百肆拾捌兩
伍錢伍分伍釐叁毫肆絲陸忽陸微

係不在縣屬徵解各稅課司徵收徑
解督闗分司報銷
驛站夫馬併裁協衛驛除各案奉裁歸入
存留項下充餉外實存支給併復給
添設共銀貳萬陸千捌百壹拾捌兩
柒錢陸分玖釐肆毫內除本年被災
蠲免銀壹拾壹兩玖錢伍分柒釐柒
毫貳絲陸忽肆微貳纖陸沙肆塵肆
渺捌漠陸埃壹逡陸巡實徵銀貳萬
陸千捌百陸兩捌錢壹分壹釐陸毫
柒絲叁忽伍微柒纖叁沙伍塵伍渺
壹漠叁埃捌逡肆巡應聽驛道於驛
站奏銷案內查明實支扣存數目造
報

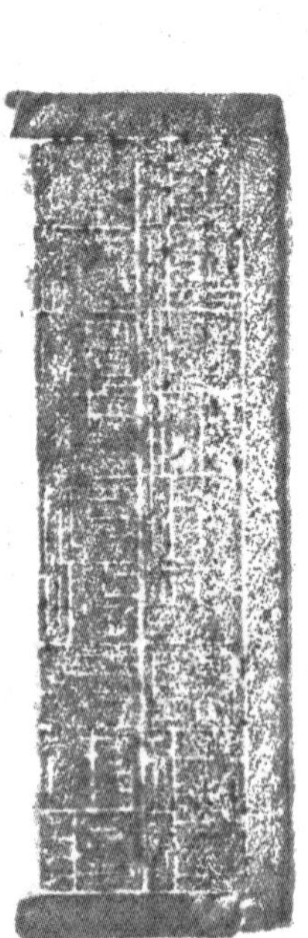

題達兵部核銷

各衙門官役俸工存留支給併添撥教官
俸銀除各案奉裁及船政同知俸工
燈夫舖兵工食等銀外共該銀壹萬
柒千叁百陸拾兩叁錢貳分玖釐肆
毫貳絲壹忽貳微叁纖貳沙伍塵內
除蠲免江寧縣黄寶樹等房租銀柒
拾兩捌分捌釐實該銀壹萬柒千貳
百玖拾兩貳錢肆分壹釐肆毫貳絲
壹忽貳微叁纖貳沙伍塵內除本年
被災蠲免銀貳兩柒錢肆分玖釐壹
毫玖絲捌忽伍微柒纖玖沙叁塵陸
渺壹漠陸埃伍逡肆巡伍須實徵銀
壹萬柒千貳百捌拾柒兩肆錢玖分

貳釐貳毫貳絲貳忽陸微伍纖柒沙壹塵柒渺捌漠柒埃肆逡伍巡伍須其支給完欠各數另於俸工細款田內造明聽
奏報部核銷

起運地丁扛脚併均編藥材共銀壹千肆百捌拾捌兩伍錢肆分壹毫肆絲柒忽陸微壹纖柒沙伍塵壹渺陸漠內除本年被災應蠲銀玖分玖釐貳毫陸絲貳忽肆微捌沙貳塵柒渺伍漠肆埃伍逡柒巡實徵銀壹千肆百捌拾捌兩肆錢肆分捌毫捌絲壹忽貳微伍沙貳塵肆渺伍埃肆逡柒巡應聽適正支用

實該起運地丁本折料價均編藥材除就便抵給前項驛站
併歷科改則新增又義田租協濟驛
站扣歸充餉等銀壹拾貳萬陸千玖
百叁拾捌兩柒分肆毫捌絲玖忽貳
徵壹纖貳塵貳渺叁漠陸埃陸逡捌
巡內除本年被災田地應豁銀陸錢
叁分貳釐叁毫玖絲壹忽玖微陸纖
叁沙肆塵肆渺壹漠叁埃玖逡柒巡
實徵銀壹拾貳萬陸千玖百叁拾柒
兩肆錢叁分捌釐玖絲柒忽貳微肆
纖陸沙柒塵捌渺貳漠貳埃柒逡壹
巡

存留額編兵餉除就便抵給前項驛站及添給孤貧不敷銀
兩併准倉米折各案裁扣驛站俸工

奉裁庫斗新裁改船政同知俸食衙
丁改入縣額節年陞增共銀陸萬壹
千叁百肆拾柒兩捌錢叁分伍釐壹
絲肆忽伍微玖纖貳塵叁渺陸漠捌
埃玖逡肆巡伍須内除本年被災田
地應蠲銀貳兩陸錢柒釐壹毫陸絲
捌忽叁微伍纖陸沙貳塵捌渺壹漠
叁埃伍逡壹巡實徵銀陸萬壹千叁
百肆拾伍兩貳錢貳分柒釐捌毫肆
絲陸忽貳微叁纖叁沙玖塵伍渺伍
漠伍埃肆逡叁巡伍須

起存貳項共銀壹拾捌萬捌千貳百捌拾伍兩玖錢伍釐
伍毫叁忽捌微肆塵陸渺伍埃陸逡
貳巡伍須内除本年被災應蠲銀叁

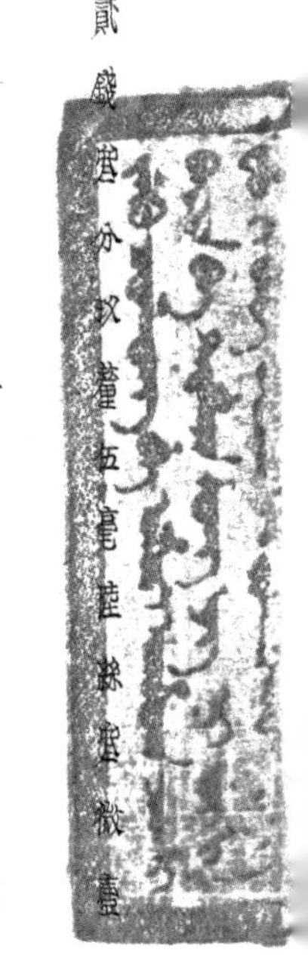

兩貳錢陸分玖釐伍毫陸絲陸微壹纖玖沙柒塵貳渺貳漠柒埃肆逡捌巡實徵銀壹拾捌萬捌千貳百捌拾貳兩陸錢陸分伍釐玖毫肆絲陸忽肆微捌纖柒塵陸渺柒漠捌埃壹逡肆巡伍須內除額撥漕項銀壹千壹百玖拾壹兩陸錢應聽糧道造報奏銷外

實該解司地丁銀壹拾捌萬柒千玖拾壹兩陸分伍釐玖毫肆絲陸忽肆微捌纖柒塵陸渺柒漠捌埃壹逡肆巡伍須內

撥漕標各營乾隆拾年官兵俸餉米折銀壹萬貳千肆百壹拾兩

前件全完係本司役回任內經收

一發京口旗營併隨旗左右水師營乾隆拾壹年俸餉米折
等銀壹千肆百伍拾捌兩伍錢柒分
伍釐肆毫伍絲玖忽
前件全完係本司後回任內經收

一外解物料事案內奉文復辦烏梅柒拾肆斤壹拾壹兩玖
錢陸分捌釐玖毫該價值銀壹兩肆
錢玖分肆釐玖毫貳絲陸忽陸微貳
纖伍沙鋪墊銀捌錢貳分貳釐貳毫
柒忽玖微玖纖陸沙柒塵伍渺
前件全完據該府批差官劉珂解部交收

一外解物料事案內奉文增辦銀硃伍拾陸斤壹拾肆兩伍
錢玖分肆釐該價值銀貳拾陸兩壹
錢柒分玖釐伍毫柒絲柒忽伍微
前件全完據該府批差官劉珂解部交收

一復辦本色銀硃玖拾斤拾壹兩柒錢壹分肆釐伍毫紅熟
銅貳百拾貳斤拾貳兩共價值銀陸
拾壹兩壹分貳釐壹毫陸絲陸忽捌
微柒纖伍沙捌塵銀壹拾壹兩壹錢
捌分肆釐陸毫柒絲肆忽陸微捌纖
柒沙伍塵
前件全完據該府批差官劉珂解部交收

一請
旨事案內奉文增辦銀硃貳拾捌斤柒兩貳錢玖分柒釐該價值銀壹拾壹兩捌
分玖釐柒毫捌絲捌忽柒微伍纖
前件全完據該府批差官劉珂解部交收

一請
旨事案內奉文增辦紅熟銅肆百玖拾壹斤拾壹兩玖錢陸釐柒毫該價值銀肆
拾玖兩壹錢捌分陸釐玖毫壹絲陸

江寧府乾隆十年分田地人丁清册

忽捌微米貳伍沙

前件全完彙該府批差官劉珂解部交收

一撥該府各屬乾隆拾年額徵二辦顏料水脚銀肆兩貳錢

捌分捌釐伍毫捌絲陸忽壹沙伍塵

前件全完係各該縣徑給另於仰體

皇仁等事案內造冊報銷

一撥候補行人司李世蕃採辦丙寅年紙張價脚銀壹萬玖

千肆百柒拾兩肆錢

前件全完係本司後回任內經收

一撥本司理問所李瑤成造乾隆拾壹年府憲書紙張工料

銀壹百壹拾陸兩肆錢捌分陸釐捌

毫

前件全完係本司後回任內經收

一撥淮徐等屬乾隆拾年被災賑濟銀捌萬柒千伍百陸拾

叁兩伍錢肆分玖釐陸毫肆絲貳忽
伍微壹沙陸塵肆渺捌漠柒埃肆逡
前件全完係本司後回任内經收
一撥淮揚徐海等屬乾隆肆年被災案内運廠米穀水陸脚
費銀貳千柒拾叁兩伍錢叁分捌釐
伍絲壹忽
前件全完係本司後回任内經收
一撥刑部尚書張照之父張㬊祭品銀貳拾伍兩
前件全完係本司後回任内經收
一撥刑部尚書張照病故祭品銀貳拾伍兩
前件全完係本司後回任内經收
一撥已故刑部尚書張照全葬碑價銀捌百伍拾兩
前件全完係本司後回任内經收
一撥山陽縣具領修理淮郡緩工城垣工料銀柒千捌百肆

兩貳錢陸分貳釐捌毫叁絲壹忽叁
微壹纖壹沙伍塵

前件全完係愛署司任內經收

一發黃運兩河乾隆拾年堡夫工食銀柒千陸百柒兩貳錢
叁分柒釐肆毫柒絲肆忽

前件全完係本司後回任內經收

一發京口八旗節婦建坊銀壹百伍拾兩

前件全完係愛署司任內經收

一發京口水師營拆造沙船部價銀壹千陸百肆拾叁兩柒
錢陸分壹釐貳毫

前件全完係本司後回任內經收

一發崇標中左右奇肆營小修沙船部價銀玖百叁拾伍兩
叁分陸釐肆毫捌絲

前件全完係本司後回任內經收

一經發
關帝祭品銀肆百貳拾兩
前件全完

一經發
天后祭品銀壹拾肆兩肆錢
前件全完

一經發高淳縣壽婦建坊銀叁拾兩
前件全完

一經發該府屬節婦建坊銀柒百貳拾兩
前件全完

一發補乾隆拾年河工災蠲銀伍錢肆分肆釐伍毫伍絲伍忽肆纖玖沙肆塵叁渺陸漠捌埃肆逡柒巡
前件全完

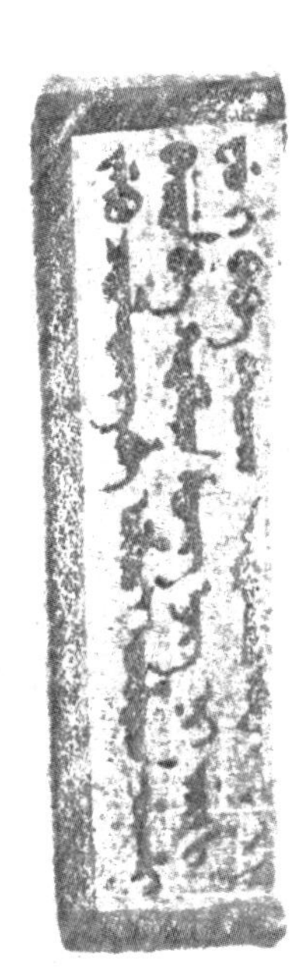

江寧府乾隆十年分田地人丁清册

撥剩銀肆萬叁千陸百肆兩陸錢壹分肆釐肆毫壹絲肆忽
貳微伍纖伍塵貳渺貳漠陸逡巡
伍須內

應辦解部顏料銀壹千壹百叁拾陸兩叁錢玖分肆釐壹
毫壹絲玖忽貳微玖纖叁沙伍塵

前件已完銀叁百柒拾柒兩柒錢捌分柒毫捌
絲玖忽柒纖玖沙伍塵係本司發回
任內經收

存貯縣庫銀貳兩玖錢玖分伍釐玖毫肆
忽柒微叁纖

未完銀柒百伍拾伍兩陸錢壹分柒釐肆
毫貳絲伍忽肆微捌纖肆沙

地丁銀肆萬貳千肆百陸拾捌兩貳錢貳分貳毫玖絲肆
忽玖微伍纖柒沙貳渺貳漠陸逡巡伍須

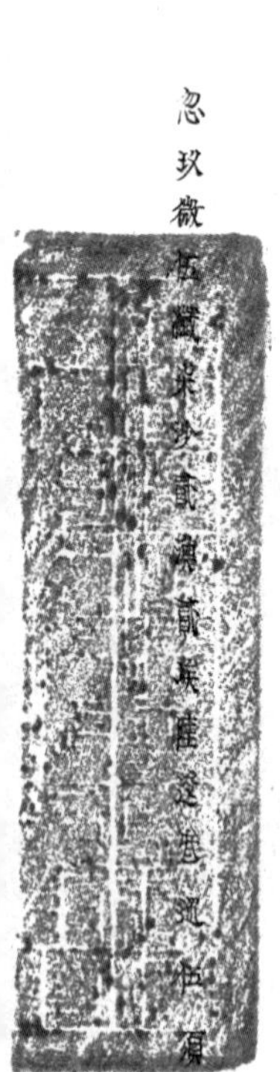

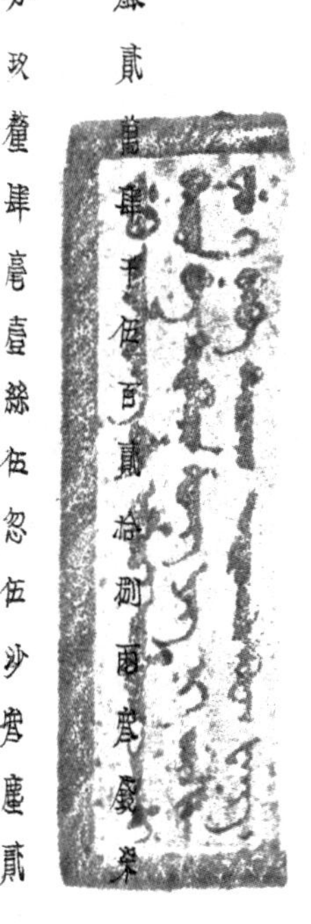

前件已完銀貳萬肆千伍百貳拾捌兩肆錢柒
分玖釐肆毫壹絲伍忽伍沙肆塵貳
渺柒漠肆埃肆逡肆巡伍須玖臾外
溢完銀貳錢肆分柒釐壹毫壹絲貳
忽伍微係本司役回任內經收

存貯縣庫銀肆千肆百陸兩柒錢壹分肆
釐捌毫肆絲肆忽貳微貳纖伍沙玖
塵貳渺肆漠肆埃肆逡肆巡捌須

未完銀壹萬肆千伍百肆拾肆兩壹錢貳
分柒釐肆絲陸忽柒微貳纖伍沙柒
塵伍渺伍埃捌逡肆巡壹須壹臾

歸併省衛

原額黃冊實三則因丁除豁免故絕逃實併包賠等丁及新增
入丁欽遵

江寧府乾隆十年分田地人丁清册

恩詔永不加賦外實在納銀各丁貳萬捌千肆百柒拾貳丁玖分應徵銀玖千陸百壹拾壹兩捌錢貳分壹釐陸毫叁絲肆微叁纖肆沙柒塵捌渺貳漠陸埃捌茫查前項銀兩已於丁隨田辦以廣

皇仁事案內詳奉督撫貳院

題准部覆即於各該縣併衛田地項下攤徵在案理合登明

原額比科增餘首肯草場久荒坍江折釐沙壓衛田併新陞除坍併滿州圈去拋荒等項外實該田地壹萬壹千捌百伍拾壹頃貳拾畝玖分伍釐肆毫肆絲伍微壹纖貳沙玖塵叁渺捌漠肆埃陸茫內除江寧縣奉撥旗圈田地塘伍拾貳畝貳分叁釐柒毫柒絲柒微叁纖叁沙

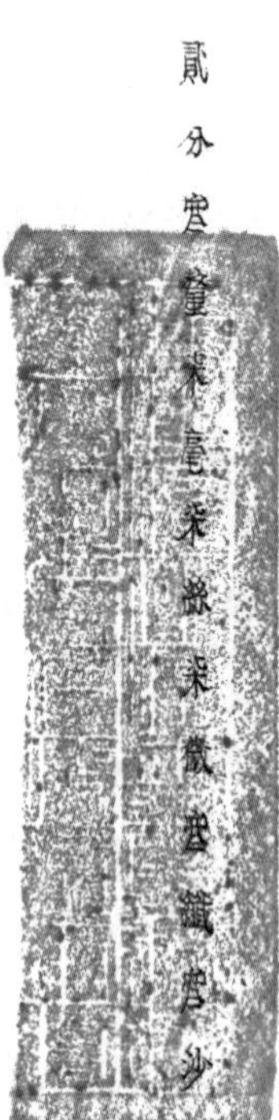

實該田地壹萬壹千捌百伍拾頃陸
拾捌畝柒分壹釐陸毫陸絲玖忽柒
微柒纖玖沙玖塵柒渺捌漠肆埃陸
溟玖茫應徵銀壹萬陸千捌百壹兩
柒錢貳分柒毫玖忽柒微貳纖捌沙
玖塵陸渺伍漠玖埃伍溟陸茫內除
江寧縣奉豁旗圈田地增無徵銀壹
兩貳錢捌分貳毫貳絲伍忽壹纖伍
沙實徵銀壹萬陸千捌百兩肆分肆
毫捌絲肆忽柒微壹纖柒沙玖塵陸
渺伍漠玖埃伍溟陸茫又六合縣軍
人柳秀山等報陞地陸拾貳畝陸分
玖毫柒絲伍忽應歸貳年充餉銀壹
兩柒錢壹分肆釐柒毫玖絲陸忽柒

微伍纖又江寧縣軍人林邦樑於雍
正拾貳年領墾比田貳拾伍畝陸分
應歸乾隆肆年充餉銀柒錢捌分肆
釐叁毫捌絲肆忽又江浦縣屯户鄭
亮公等於乾隆叁年領墾地伍拾柒
畝叁分玖釐叁絲貳忽田貳頃貳拾
貳畝玖分伍釐叁毫柒絲伍忽共徵
銀貳兩貳錢陸分貳釐伍毫柒絲伍
忽壹微伍纖又業户孫起如於乾隆
肆年認墾自願當年陞科夕荒比田
壹拾畝捌分玖釐貳毫伍絲徵銀貳
錢壹分柒釐捌毫伍絲又六合縣軍
人林明太於雍正拾叁等年報墾田
地玖頃伍拾畝玖分肆釐壹毫伍忽

徵銀貳拾貳兩捌錢壹分肆釐捌毫
柒忽柒微玖纖陸沙貳塵壹渺伍漠
捌埃肆逡陸巡又上元縣墾戶楊堯
臣認墾自願當年陞科營基硬地叁
拾柒畝壹分肆毫壹絲徵銀伍錢伍
毫伍忽叁微伍纖又江浦縣乾隆拾
年業戶林之連額內轉科陞增銀叁
釐玖毫柒絲叁忽肆微肆纖陸沙貳
塵貳渺貳漠貳埃伍逡捌須又六合
縣軍人葉秉恒報墾流塘沙灘地壹
拾畝應於乾隆拾年起科銀伍錢玖
分肆釐柒毫叁絲玖忽陸微共田地
壹萬壹千捌百陸拾肆頃肆拾陸畝
貳分柒毫柒絲陸忽柒微柒纖玖沙

玖塵叁渺捌漠肆埃陸溟玖茫共應徵銀壹萬陸千捌百貳拾捌兩伍錢捌分肆釐壹毫壹絲陸忽肆微陸沙肆塵肆漠柒逡貳須陸臾

又不在丁田房地租實徵銀貳千壹百貳兩玖錢肆分柒釐肆毫叁絲貳忽陸微陸纖

以上丁田雜辦等項除蠲豁外實徵併新陞共銀貳萬捌千伍百肆拾肆兩陸錢叁分叁釐捌毫肆忽伍微壹纖陸沙壹塵捌渺陸漠陸埃壹溟伍茫貳逡陸巡內除江寧縣奉豁田地塘無徵銀壹兩貳錢捌分貳毫貳絲伍忽壹纖伍沙實共該銀貳萬捌千伍百肆拾叁兩叁錢伍分叁釐伍毫柒絲玖忽伍微壹

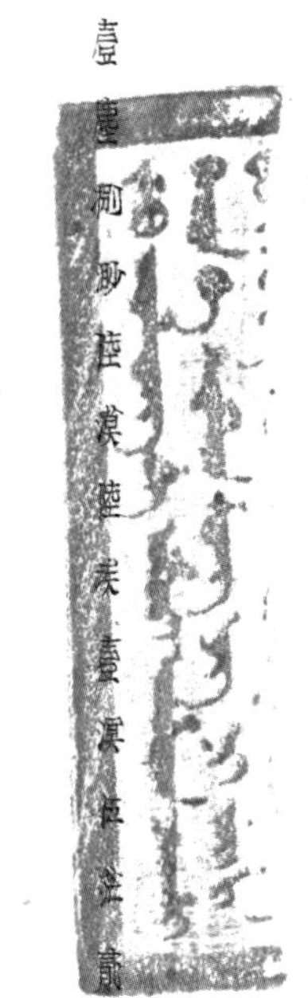

沙壹塵捌渺陸漠陸埃壹溟陸涬貳
逡陸巡查江浦縣本年秋被水災田
地柒頃肆拾貳畝柒分陸釐貳毫隸
該府縣勘確於蘆報各屬等事案內
詳奉督漕河撫各部院會疏具
題應照例計算被災田畝共應蠲銀貳拾壹兩柒錢柒分肆釐玖毫伍絲壹
忽捌微伍纖肆沙壹塵玖渺伍漠貳
埃捌逡捌巡捌須玖臾實該銀貳萬
捌千伍百貳拾壹兩伍錢柒分捌釐
陸毫貳絲柒忽陸微肆纖柒沙伍渺
壹漠玖埃貳溟陸涬肆逡玖巡內除
撥解漕項銀壹萬柒千陸百壹兩伍
錢玖釐玖毫伍絲肆忽壹微肆沙伍
塵捌渺伍漠捌埃柒溟肆涬內除江

寧縣奉部旗圈田地塘無徵銀叁錢
伍分貳釐伍毫捌絲叁忽陸微貳纖
玖沙實該銀壹萬柒千陸百壹兩壹
錢伍分陸釐柒毫柒絲肆微柒纖伍
沙伍塵捌渺伍漠捌埃柒漠肆注應
聽糧道造報奏銷外

實該銀壹萬玖百貳拾兩肆錢貳分壹釐捌毫伍絲柒忽壹
微柒纖壹沙肆塵陸渺伍漠肆埃伍
漠貳注肆逡叁巡

一發解驛傳道貢舫銀柒千伍百陸拾柒兩陸錢貳分內除
奉部旗圈田地塘無徵銀玖錢貳分
柒釐陸毫肆絲壹忽叁微捌纖陸沙
實徵銀柒千伍百陸拾陸兩陸錢玖
分貳釐叁毫伍絲捌忽陸微壹纖肆

沙内除江寧六合貳縣乾隆玖年溢
完流抵銀壹百玖拾捌兩伍錢柒分
壹釐陸毫陸絲壹忽貳微玖纖伍沙
壹塵壹渺柒漠捌埃肆逡伍巡實該
銀柒千叁百陸拾捌兩壹錢貳分陸
毫玖絲柒忽叁微壹纖捌沙捌塵捌
渺貳漠壹埃伍溟伍茫内除本年被
災應蠲銀壹拾肆兩捌錢壹分貳釐
貳毫玖絲陸忽叁微柒纖叁沙陸塵
捌渺伍漠玖埃柒逡陸巡陸須叁臾
實該銀柒千叁百伍拾叁兩叁錢捌
釐肆毫玖微肆纖伍沙壹塵玖渺陸
漠壹埃柒溟捌茫叁逡柒巡查此頁
舫銀兩原係銀米錢糧徵收續於丁

隨田辦等事案内奉部覆令隨田一
體徵銀是以收徵全銀理合登明
前件已完銀柒千壹百柒拾叁兩捌錢捌分陸
釐陸絲陸忽肆微肆纖壹沙叁塵伍
渺玖漠伍逡陸巡壹須肆臾伍清玖
漠捌淨外有江寧六合貳縣溢完應
流抵下年銀壹百玖拾玖兩肆錢玖
分玖釐叁毫貳忽陸微捌纖壹沙壹
塵壹渺柒漠捌埃肆逡伍巡陸須解
江南驛傳道支給黄快船工料之用
於遵
旨會議等事案内造册報銷
未完銀壹百柒拾玖兩肆錢貳分貳釐叁
毫叁絲肆忽伍微叁沙捌塵叁渺柒

漠壹埃貳溟貳茫貳逡貳巡肆須玖
臾貳淨

一解司沙壓銀叁千叁百柒拾伍兩伍錢肆分肆毫伍絲肆
微壹纖壹沙陸塵柒埃肆溟壹茫貳
逡陸巡內除本年災蠲無陸兩玖錢
陸分貳釐陸毫伍絲伍忽肆微捌纖
肆塵肆渺玖漠叁埃壹逡貳巡貳須
實徵銀叁千叁百陸拾捌兩伍錢肆
分壹釐柒毫玖絲肆忽玖微叁纖壹
沙壹塵伍渺壹漠肆埃貳溟玖茫陸
巡內

一發豫省乾隆拾壹年河工銀伍拾捌兩伍錢叁分伍釐肆
毫陸絲伍忽捌微陸纖肆沙
前件全完係本司後回任內經收

發剩銀叁千叁百壹拾兩陸釐叁毫貳絲玖忽陸纖柒沙壹
塵伍渺壹漠肆埃貳溟玖茫陸巡

前件已完銀叁千貳拾叁兩柒分肆釐玖毫陸
絲柒忽伍微肆纖陸沙叁塵叁渺壹
漠捌埃叁溟玖茫貳逡伍巡叁須叁
臾壹青貳爭係本司後回任內經收

又江浦縣存貯縣庫見在提解銀肆拾壹
兩叁錢叁分叁釐貳毫貳絲柒忽玖
微陸纖伍沙陸塵肆渺柒漠叁埃肆
逡壹須肆臾伍青玖溟捌茫

未完銀貳百肆拾伍兩伍錢玖分捌釐壹
毫叁絲叁忽伍微伍纖伍沙壹塵柒
渺貳漠貳埃捌溟伍茫陸逡陸巡壹
須伍臾玖淨

以上軍民丁田等項除額徵漕項外實該銀壹拾玖萬
捌千肆拾陸兩伍錢貳釐肆毫壹絲
貳忽捌微貳纖陸沙陸渺壹漠肆埃
肆逡柒須陸臾該
經催另用知府官保自乾隆拾年正月初壹日起至年底應催
前數
已完併徑解給共銀壹拾柒萬捌千陸百
肆拾捌兩壹錢捌釐貳毫肆絲肆忽
壹微陸纖陸沙柒塵伍渺肆漠柒埃
玖逡玖須捌臾捌清肆淨壹漠外有
江寧六合貳縣溢完應流抵下年銀
壹百玖拾玖兩肆錢玖分玖釐肆毫
貳忽陸微捌纖壹沙壹塵壹渺柒漠
捌埃肆逡伍巡又龍江河泊所溢完

銀貳錢叁分柒釐壹毫壹絲貳忽伍
微
存貯縣庫見在提解銀肆千肆百伍拾壹
兩肆分貳釐玖毫柒絲伍忽玖微貳
纖壹沙伍塵柒渺壹漠陸埃叁逡捌
巡玖須肆臾伍清玖瞑捌淨
江寧六合貳縣乾隆玖年溢完貢船流抵
銀壹百玖拾捌兩伍錢柒分壹釐陸
毫陸絲壹忽貳微玖纖伍沙壹塵壹
渺柒漠捌埃肆逡伍巡
民賦坍荒田地停緩銀柒百肆拾叁兩捌
錢柒分陸釐伍毫伍絲貳忽玖微壹
纖柒沙貳塵陸渺肆漠陸埃玖逡貳
巡貳須

省衛坍荒[illegible]豁銀叁百肆拾玖兩柒錢貳
分壹釐貳絲叁忽肆微壹纖伍沙叁
塵捌渺壹漠貳逡貳須壹清伍淨玖
漠已於清査陞除等事案內造冊詳
題應聽候案部覆至日歸結

江浦縣民衛被災蠲免銀貳拾伍兩壹分
肆釐伍毫壹絲貳忽壹微柒纖叁沙
捌塵伍渺捌漠叁逡陸巡捌須叁臾
江浦省衛本年災緩銀玖兩伍錢叁分玖
釐柒絲叁忽貳沙壹塵玖渺陸漠壹
逡捌須貳臾肆清玖淨貳茫
未完銀壹萬叁千陸百壹拾兩陸錢貳分
捌釐貳毫捌絲玖微叁纖叁沙玖塵
壹渺捌漠貳埃陸逡捌巡柒須柒臾

查該府屬江寧句容貳縣省衛項下坍荒停緩銀兩除冊內造報外尚該銀肆拾捌兩壹錢玖分壹釐貳毫捌絲捌忽陸纖伍沙壹塵捌渺玖漠伍埃捌逡伍巡壹須玖臾捌清肆淨壹溟因解司沙壓犀兩已據解足應聽糧道衙門於漕項冊內註緩再查該府屬尚有句容縣續報坍沒田地未據勘明造報所有經催完欠分數應俟詳題豁免之日另加分數補報考成理合登明

上元縣

乾隆拾年分

原額續增田地山塘灘塲雜產共捌千捌百壹拾頃陸畝肆分

肆釐肆毫壹絲又爲清查各省之地

等事案內大增田地塘灘共肆拾伍

畝伍分伍毫叁絲陸忽又陞增溝廢

柒畝伍分又於籌餉期於有濟等事

案內清查出田地塘塲貳拾壹畝又

於墾田已耕等事案內康熙肆拾捌

年民人戎彪報陞山塘雜產叁拾柒

畝伍分陸釐伍毫

實在田地山塘灘塲雜產共捌千捌百壹拾壹頃壹拾捌畝

壹釐肆毫肆絲陸忽原額應徵併徵

漕贈伍銀及增編本色料價除減編

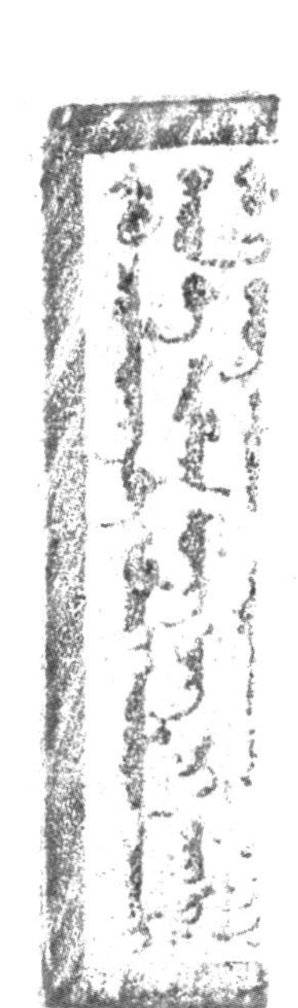

本色補墊外實徵銀叁萬叁千柒百伍拾陸兩肆錢陸分壹毫肆絲壹微貳纖貳塵捌渺又另項優免充餉銀伍拾陸兩柒錢玖分柒釐壹毫肆絲柒忽肆微陸沙肆塵叁渺陸漠又各年陞丈還及變則田地共該徵銀貳拾柒兩伍分玖釐肆毫壹絲柒微伍纖陸塵陸渺肆漠柒埃通共銀叁萬叁千捌百肆拾兩叁錢壹分陸釐陸毫玖絲柒忽玖微壹纖柒沙叁塵捌渺柒埃

原額人丁貳萬玖千貳百肆拾貳丁內除優免人丁貳百捌拾柒丁陸分實在當差并餘不免人丁貳萬捌千玖百伍拾肆丁肆分又全

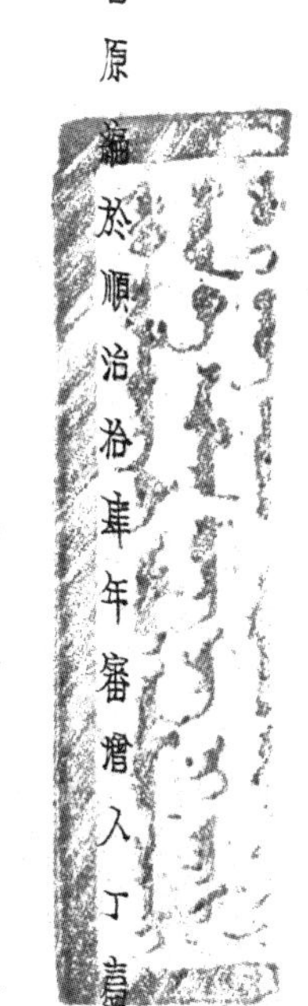

書原編於順治拾肆年審增人丁壹千玖百叁拾丁伍分康熙元年審增人丁貳千陸百貳拾伍丁伍分康熙拾壹年審增人丁肆百柒拾伍丁康熙拾伍年審增人丁壹百叁拾丁伍分康熙貳拾年審增人丁陸百捌拾貳丁康熙貳拾伍年審增人丁柒百叁拾玖丁康熙叁拾年審增人丁貳百叁拾壹丁康熙叁拾伍年審增人丁陸拾伍丁康熙肆拾年審增人丁陸拾伍丁康熙肆拾伍年審增人丁陸拾伍丁康熙伍拾年審增人丁陸拾伍丁

實共人丁叁萬陸千貳拾柒丁玖分又於康熙玖年新增上

元中衛三則開丁攺入縣額內徵解
人丁伍拾壹丁原額應徵丁銀貳千
肆百伍拾兩零錢玖分捌釐另項餘
不免丁銀叁拾玖兩陸錢捌分肆毫
又各年審增丁銀陸百捌兩零錢貳
分壹釐又康熙玖年增編上元中衛
三則開丁攺入縣額內徵解銀壹拾
貳兩肆錢通共銀叁千壹百壹拾兩
柒錢玖分玖釐肆毫查前項人丁銀
兩已於丁隨田辦以廣
皇仁事案內詳奉督撫兩院
題准部覆在於該縣田地項下攤徵在案理合登明
不在丁田草場租原額銀貳百貳拾柒兩零錢玖分肆釐內
於康熙伍年大減銀伍分壹釐伍毫

貳絲伍忽實徵銀貳百貳拾柒兩叁
錢肆分貳釐肆毫柒絲伍忽又於
國賦有自然之利等事案內丈增銀壹兩壹錢伍分捌釐玖絲肆忽又豁恩
賞給開墾事案內僧人悟然認墾荒
地應於康熙貳拾捌年陞科草場租
銀柒錢貳分又覺例認墾等事案內
康熙伍拾柒年民人張國麟等認墾
荒山地自願當年陞科草場租銀叁
兩玖錢肆分柒釐捌毫玖絲柒忽學
租銀壹百叁拾貳兩玖錢貳分肆釐
壹毫共徵銀叁百柒拾伍兩玖分貳
釐伍毫陸絲陸忽查此雜辦項下內
有匠班銀玖兩業於覆例詳請等事
案內詳奉督撫貳院

題准部覆在於該縣田地項下攤徵在案理合登明
以上地丁雜辦等項通共銀叁萬柒千叁百貳拾陸兩
貳錢捌分叁釐陸毫陸絲叁忽玖微壹纖
柒沙叁塵捌渺柒漠內
隨漕輕齎席木等項正扛費並匠增共銀
壹千伍拾貳兩叁錢肆分陸絲捌忽
捌微陸纖陸沙柒塵陸渺壹漠又奉
文並徵漕贈伍銀併匠增共銀壹千
壹百肆拾捌兩肆分貳毫柒絲玖忽
壹微壹纖捌塵柒渺柒漠應聽總漕部院奏銷
河工項下輕齎改泒車盤溜夫等項併河
工匠增共銀壹千伍百陸拾貳兩貳
錢捌分捌釐捌毫陸絲陸忽陸微陸

纖陸沙貳塵捌渺柒漠應聽管河衙

門造報總河部院裁給解費水脚銀
肆拾陸兩捌錢陸分捌釐陸毫陸絲
伍忽玖微玖纖玖沙玖塵捌渺肆漠
應聽覆正支銷
驛站夫馬等銀壹萬叁千叁百柒拾叁兩
陸錢捌分玖釐柒毫柒絲伍忽柒微
壹纖肆沙壹塵陸渺肆漠內除敬陳
減差等事案內裁銀伍千貳拾兩玖
錢柒分壹釐叁毫柒絲伍忽柒微壹
纖肆沙壹塵陸渺肆漠又移咨事案
內裁銀伍拾肆兩又題明請將等事
案內裁銀壹百伍拾兩又遵
旨另行詳議事案內裁銀壹百肆拾肆兩又敬陳清釐等事案內裁銀貳百壹拾
陸兩又酌定驛朋等事案內裁銀陸

百肆拾伍兩柒錢伍分俱歸入後款
存留額編兵餉項下充餉外實該存
留支給銀米千壹百肆拾貳兩玖錢
陸分捌釐肆毫又撥協江東驛復貳
銀肆百壹拾肆兩并銀米千伍百伍
拾陸兩玖錢陸分捌釐肆毫應聽江
驛道於驛站奏銷案內查明實支加
存數目造報
題達兵部核銷又支應庫斗等銀貳拾玖兩全裁歸入後款存留額編兵餉
項下充餉訖理合註明
各衙門官役俸工併存留支給及復給船
政同知俸工等項并銀貳千玖百貳
拾陸兩壹錢貳分伍釐伍毫伍絲柒
忽陸纖柒沙肆塵壹埃渺漠又奉文

加增民壯器械銀壹百兩添撥教官
俸銀肆拾捌兩肆錢捌分府學訓導
俸銀伍拾叁兩肆錢捌分又添給孤
貧不敷銀貳拾玖兩叁錢肆分貳釐
伍毫柒絲陸忽內除各案原裁併地
丁解費共銀壹千貳百貳拾玖兩壹
錢玖分柒釐捌毫捌絲肆微陸纖柒
沙肆塵壹渺捌漠又除裁缺船政同
知俸銀肆拾貳兩伍錢伍分陸釐又
敬陳管見等事案內奉裁府縣燈夫
工食銀肆拾捌兩歸入後款存留額
編兵餉項下充餉外實該支給併復
給府縣學廩糧加增民壯器械等銀
貳千捌百肆拾柒兩陸錢柒分肆釐

貳毫伍絲貳忽陸微其支給完欠各
數另於俸工細款用內造冊題
奏報部核銷

起運地丁折銀貳百壹拾壹兩柒錢玖分
伍釐貳毫壹絲貳忽捌微肆纖叁
沙柒塵玖渺應聽隨正支用報
銷

實該起運併本色辦料及變賣則例科併文增草蕩租銀貳萬
貳千叁百肆拾玖兩陸錢肆分玖毫
伍絲壹忽壹纖伍沙柒塵壹渺玖漠
叁埃又本處應協他處驛站今他處
已就近支給應扣原協之銀作正充
餉銀壹千壹百柒拾柒兩叁錢肆分

陸釐壹毫陸絲貳共銀貳萬叁千伍

百貳拾[illegible]兩玖錢捌分柒釐壹毫壹
絲壹忽壹纖伍沙柒塵壹渺玖漠壹
埃內除他處協濟加充正項即於本
處地丁內就便抵給驛站銀壹萬壹
百伍拾伍兩捌錢貳分玖釐壹毫柒
絲伍忽柒微壹纖肆沙壹塵肆渺肆
漠應併入前項驛站數內彙銷外實
該起運銀壹萬貳千捌百柒拾壹兩
壹錢伍分柒釐柒毫壹絲伍忽壹微
壹沙伍塵伍渺伍漠壹埃

存留額編兵餉銀貳百柒拾柒兩淮倉米折銀伍百壹拾
壹兩原舊裁加優免經費吏書等項
除復給府縣學廩糧及復給船政同
知俸銀併加增民壯器械添撥府縣

學教官俸銀併添給孤貧不敷銀兩
外實該銀壹千肆百捌兩捌錢玖釐
肆毫叁絲貳忽肆微伍纖壹沙玖塵
柒渺陸漠又奉裁府縣
覲費銀壹拾伍兩陸錢陸分陸釐叁毫柒絲肆忽本色絹疋水脚奉裁充餉
銀壹拾叁兩壹錢捌分柒釐伍毫柒
絲壹忽貳微陸纖各年審增入丁銀
陸百捌兩叁錢貳分壹釐又康熙玖
年衛丁改入縣額銀壹拾貳兩肆錢
各年陞丈增併續墾改則陞科共銀
柒兩貳錢壹分伍釐壹毫捌絲捌忽
陸微叁纖肆沙陸塵肆渺玖漠肆埃
共銀貳千捌百伍拾叁兩伍錢玖分
玖釐玖毫貳絲陸忽叁微肆纖陸沙

陸釐貳渺伍漠肆埃又各案原裁俸
工項下併地丁解費共銀壹千貳百
貳拾玖兩壹錢玖分柒釐捌毫捌絲
肆微陸纖柒沙肆塵壹渺捌漠又奉
裁船政同知俸銀肆拾貳兩伍錢伍
分陸釐又驛站項下奉裁各案併裁
應庫斗等銀伍千貳百陸拾叁兩玖
錢柒分壹釐叁毫柒絲伍忽柒微壹
纖肆沙壹塵陸渺肆漠又奉裁龍江
驛水夫工食銀壹百肆拾肆兩又奉
裁府縣燈夫工食銀肆拾捌兩又驛
站項下奉裁馬夫工食銀貳百壹拾
陸兩又驛站項下奉裁馬匹草料等
銀陸百肆拾伍兩柒錢伍分以上各

案裁加併地丁解費等款共銀柒千伍百捌拾玖兩肆錢柒分伍釐貳毫伍絲陸忽壹微捌纖壹沙伍塵捌渺貳漠內除改編本縣復設站銀肆百壹拾肆兩歸入驛站項下造報外實該銀柒千壹百柒拾伍兩肆錢柒分伍釐貳毫伍絲陸忽壹微捌纖壹沙伍塵捌渺貳漠通共銀壹萬貳拾玖兩柒分伍釐壹毫捌絲貳忽伍微貳纖捌沙貳塵柒漠肆埃

起存貳項共銀貳萬貳千玖百兩貳錢叁分貳釐玖毫壹絲柒忽捌微貳纖玖沙柒塵陸渺貳漠柒埃內除額徵漕項銀壹百壹拾伍兩貳錢應聽糧道造報奏銷外

實該解司地丁銀貳萬貳千柒百捌拾伍兩叁分叁釐玖毫壹
絲柒忽捌微貳纖玖沙柒塵陸渺貳
漠柒埃內

一撥候補行人司李世裔採辦丙寅年紙張價腳銀陸千捌
百伍拾伍兩叁錢伍分柒釐
前件全完係本司後回任內經收

一撥本司理問所李瑤成造乾隆拾壹年曆憲書紙張工料
銀貳拾陸兩伍錢
前件全完係本司後回任內經收

一外解物料事案內奉文復辦烏梅壹拾壹斤伍兩捌錢壹
分捌釐貳毫該價值銀貳錢貳分柒
釐貳毫柒絲貳忽陸微貳纖伍沙塵
墊銀壹錢貳分肆釐玖毫玖絲玖忽
玖微肆纖叁沙柒塵伍渺

前件全完據江寧府批差官劉珂解部交收

一外解物料事案內奉文督辦銀硃捌斤拾壹兩玖錢米分
壹釐肆毫該價值銀肆兩貳分肆釐
壹毫米絲米忽米微伍纖

前件全完據江寧府批差官劉珂解部交收

一復辦銀硃壹拾叁斤拾伍兩壹錢伍分貳釐陸毫紅熟銅
叁拾貳斤陸兩共該價值銀玖兩陸
錢伍分叁釐壹毫叁絲米忽貳微伍
纖捌塵銀貳兩伍分貳釐壹毫米絲
肆忽壹微貳纖伍沙

前件全完據江寧府批差官劉珂解部交收

一請
旨事案內奉文督辦紅熟銅米拾伍斤貳兩肆錢陸分肆釐壹毫該價值銀米兩
伍錢壹分伍釐肆毫壹微貳纖伍沙

前件全完據江寧府批差官劉河解部交收

一款

旨事案內增辦銀硃肆斤伍兩玖錢捌分伍釐柒毫該價值銀貳兩壹分貳釐捌

絲捌忽捌微柒纖伍沙

前件全完據江寧府批差官劉河解部交收

一撥該縣乾隆拾年額增二辦顏料水脚銀陸錢伍分陸釐

玖絲捌忽壹微伍纖玖沙伍塵

前件全完係該縣徑給另於仰體

皇仁等事案內遵用報銷

一撥乾隆拾年淮徐等屬被災賑濟銀米千玖百捌拾貳兩

貳錢柒分

前件全完係本司後回任內經收

一經撥

關帝祭品銀陸拾兩

前件全完

一經發

天后祭品銀叁兩貳錢

前件全完

一經撥設縣節婦建坊銀玖拾兩

前件全完

撥剩銀叁千叁百貳拾叁兩肆錢肆分伍毫陸絲捌忽肆微
叁纖陸沙伍塵壹渺貳漠叁埃內

應解部停辦黃白蠟價腳併餘剩等銀玖拾壹兩伍錢壹
分玖釐貳毫陸絲捌忽伍微陸纖叁
沙

前件全完係本司後回任內經收

地丁銀叁千陸百肆拾伍兩玖錢貳分壹釐貳毫玖絲玖
忽玖微玖纖玖沙伍塵壹渺貳漠叁埃

前件已完銀叁千伍百陸拾玖兩柒錢肆分壹
釐陸絲肆忽係本司後回任内經收
存貯縣庫銀貳千柒百貳拾兩壹錢捌分
叁釐肆毫捌絲伍忽陸微伍纖柒沙
伍塵玖渺伍漠
未完銀壹千叁百伍拾伍兩玖錢玖分陸
釐柒毫伍絲貳微伍纖壹沙玖塵壹
渺柒漠柒埃

歸併省衛

原額黄快竈三則閒丁共壹萬伍千貳百貳拾壹丁内除領田
納糧不納丁銀屯丁壹千肆百貳拾
玖丁又除錢糧宜歸畫一等事案内
奉文改發爲民當差閒丁伍拾壹丁
又爲陵户故絶無徵等事案内原孝

陵三則閒丁併機匠丁共壹千貳百
肆拾壹丁又爲酌議可裁之冗員等
事案内豁免三則逃亡人丁貳千肆
百叁拾貳丁又於欽奉
上諭事案内奉
旨豁免故絶逃竄併見當民丁分又包賠軍丁共人丁叁千玖百肆拾丁
實在各丁陸千貳百貳拾捌丁原額共應徵銀肆千叁拾捌
兩玖錢柒分伍釐内除改發爲民當
差丁銀壹拾貳兩肆錢又除豁免原
孝陵三則併機匠丁銀貳百壹拾伍
兩又除奉裁三則逃亡無徵丁銀伍
百肆拾貳兩柒錢又除欽奉
上諭事案内豁免故絶逃竄併見當民丁分又改賠軍丁銀壹千貳百柒拾貳兩
玖錢貳分伍釐又雍正肆年新增人

丁壹拾伍丁雍正玖年新增人丁貳
拾貳丁又乾隆元年新增人丁貳拾
陸丁乾隆陸年新增人丁貳拾捌丁
欽遵
恩詔永不加賦外實在丁銀壹千玖百玖拾伍兩玖錢伍分查前項銀兩已於丁
隨田攤以廣
皇仁事案內詳奉督撫憲院
題准部覆即於該縣併衛田地項下攤徵理合登明
原額比田增餘首蓿草場併增入和州改歸廣洋衛田地壹千
貳百陸拾伍頃壹拾玖畝肆釐壹毫
玖絲捌忽肆微壹塵肆渺貳漠陸埃
又康熙伍年額外丈增首蓿草場田
地玖拾玖畝玖分柒釐柒絲捌忽捌
微內除奉豁積荒併崩洲圈去田肆

拾捌項柒拾叁畝伍分貳釐玖毫壹
絲肆忽陸微貳纖伍沙陸塵壹渺又
酌議可裁之冗員等事案內奉蠲滿
洲圈去田地捌項貳畝叁分玖釐陸
毫叁忽伍微柒纖又各年陞科及籌
餉期於有濟等事案內開墾陞科田
地共肆拾玖項柒拾叁畝叁分捌釐
叁毫叁絲捌忽又飭行事案內除豁
攤平神機廚房營地陸項肆拾柒畝
又民人曾兆南等於雍正捌年報陞
應於雍正玖年起科荒地叁百肆拾
陸畝叁分貳毫壹絲陸忽又墾戶楊
堯臣認墾應於乾隆陸年陞科營基
埂地叁拾柒畝壹分肆毫壹絲

實在田地壹千貳百伍拾陸頃伍拾貳畝捌分柒釐柒毫貳絲貳忽玖微肆沙伍塵貳渺貳漠陸埃原額各科則不等共應徵銀叁千陸百伍拾陸兩叁錢貳分柒釐叁毫柒絲捌忽肆微伍纖貳沙貳塵捌渺柒漠陸埃叁溟肆茫內除奉蠲積荒併滿洲圈去無徵銀叁拾兩柒錢壹分柒釐貳毫伍絲玖忽壹微柒纖陸沙捌塵伍渺肆漠肆埃柒溟捌茫實徵銀叁千陸百貳拾伍兩陸錢壹分壹毫壹絲玖忽貳微柒纖伍沙肆塵叁渺叁漠壹埃伍溟陸茫又各年丈墾陞科銀壹百叁拾玖兩玖錢玖分壹釐柒毫貳絲玖忽壹微肆纖陸沙

内除蕩洲圍去無徵銀肆兩叁錢捌分肆釐壹毫柒絲伍忽又除攤平肆機廠房營地路租銀壹拾玖兩肆錢壹分又民人曾光南等於雍正捌年報墾應於雍正玖年起科漕項銀肆兩陸錢柒分伍釐柒絲玖忽壹微陸纖又墾户楊堯臣認墾營基埂地應於乾隆陸年起科沙壓銀伍錢玖毫伍忽叁微伍纖通共實徵銀叁千柒百肆拾陸兩玖錢捌分叁釐陸毫伍絲柒忽玖微叁纖壹沙肆塵叁渺叁漠壹埃伍溟陸茫

不在丁田房租銀壹千貳百壹拾叁兩捌錢伍分捌釐玖絲玖忽內除將議可裁之冗員等事案

內奉蠲[illegible]圖去無徵銀壹百柒兩
陸分捌毫實徵銀壹千壹百陸兩柒
錢玖分柒釐貳毫玖絲玖忽又壽餉
期於有濟等事案內查出陸租銀捌
兩陸錢肆分捌釐伍毫又火藥銀貳
兩貳錢柒釐貳毫貳絲貳忽貳微捌
纖共徵銀壹千壹百壹拾捌兩柒錢
伍分貳釐貳絲貳忽貳微捌纖

以上地丁雜辦等項除原蠲豁免外原共實徵銀捌千
壹百貳拾肆兩陸錢壹分壹釐陸毫
玖絲貳微壹纖壹沙肆塵貳渺貳漠
壹埃伍漠陸茫內除欽奉
上諭事案內奉
旨豁免故絕逃竄併見當民丁今又包賠軍丁銀壹千貳百柒拾貳兩玖錢貳分

伍釐內除雜欵

江安糧道協濟漕項支用銀貳百玖拾兩

玖錢叁分伍釐

驛傳道貢舖支用銀錢捌百捌拾叁兩外

該徵銀陸千捌百陸拾壹兩陸錢捌

分陸釐陸毫玖絲叁微壹纖壹沙肆

塵貳渺貳漠壹埃伍溟陸茫內除撥

解漕項銀伍千貳百壹拾陸兩肆錢

伍分陸釐肆毫壹絲壹忽捌微捌纖

叁塵捌渺陸漠柒埃捌溟陸茫應聽

糧道造報奏銷外

實該銀壹千伍百肆拾伍兩叁錢貳分叁毫柒絲捌忽貳微貳

纖壹沙肆渺陸漠貳埃柒溟

一撥解江南驛道貢舖銀壹千肆百陸兩柒錢查此貢舖銀

兩原係銀米錢叁[illegible][illegible]攤於丁匿田
辦等事案內奉部覆令匿田一體徵
銀是以改徵全銀理合登明
前件已完銀壹千貳百叁拾貳兩捌錢陸分玖
釐柒毫叁絲陸忽伍微叁纖貳沙伍
塵捌渺伍漠玖埃伍溟係徑解驛傳
道支用黃快冊工修之用於還
未完銀壹百柒拾叁兩捌錢叁分貳毫陸
絲叁忽肆微陸纖柒沙肆塵壹渺肆
漠伍溟
旨會議事案內造用報銷
一解司沙壓銀壹百叁拾捌兩伍錢叁分貳毫柒絲捌忽叁
微叁纖壹沙肆渺陸漠叁埃柒溟
一撥豫省乾隆拾壹年河工銀伍拾貳兩叁分捌釐肆毫陸

絲伍忽捌微陸纖肆沙

前件全完係本司撥回往內經收

撥剩銀捌拾陸兩肆錢玖分壹釐捌毫壹絲貳忽肆微陸纖

柒沙肆渺陸漠叁埃柒漠

前件已完銀叁拾玖兩玖錢貳分玖釐肆毫叁

絲叁忽貳微叁纖伍沙肆渺陸漠叁

埃柒漠係本司撥回往內經收

未完銀肆拾陸兩伍錢陸分貳釐叁毫柒

絲玖忽貳微叁纖貳沙

以上軍民丁田除額撥漕項外實該銀貳萬肆千叁百

叁拾兩貳錢陸分叁釐壹毫玖絲陸

忽壹微陸纖捌塵玖漠柒逡

已完併徑解拾吳銀貳萬叁拾叁兩陸錢

玖分叁毫壹絲柒忽伍微伍纖壹沙

捌塵捌渺貳漠叁糢貳逡

存府縣庫銀貳千柒百貳拾兩壹錢捌分

叁釐肆毫捌絲伍忽陸微伍纖柒沙

伍塵玖渺伍漠

民賦殁没田地停緩銀肆百捌拾叁兩伍

錢貳分叁釐叁毫肆絲捌忽貳微壹

纖叁沙伍塵伍漠壹埃玖逡玖巡肆

須

文省衛殁没田地停緩銀壹百伍拾伍兩

貳錢壹分伍毫玖絲肆忽叁微伍纖

叁沙柒塵壹渺柒漠陸埃壹昊柒茫

陸逡業於清查陸除等事案内詳

題請豁免聽候案部覆至日歸結

未完銀玖百叁拾柒兩陸錢伍分伍釐肆

毫伍絲叁微捌纖肆沙壹塵捌漠玖
埃叁逡叁巡

經徵歷任知縣許逢元自乾隆拾年正月初壹日起至拾壹月
初貳日卸事止計拾箇月貳日應徵
捌分叁釐捌毫玖絲銀貳萬肆百壹
拾兩叁錢捌分柒釐肆毫伍絲柒忽
捌微陸纖

已完并經解給銀壹萬陸千肆百玖拾陸
兩陸錢捌分柒毫捌絲柒忽陸微捌
纖柒沙捌塵捌渺貳漠叁埃貳逡

存貯縣庫銀壹千壹拾兩壹錢捌分叁釐
肆毫捌絲伍忽陸微伍纖柒沙伍塵
玖渺伍漠

又坍没田地停緩銀伍百叁拾伍兩捌錢

貳分陸釐捌毫

未完銀貳千參百陸拾柒兩陸錢玖分陸

釐參毫捌絲肆忽伍微壹纖肆沙伍

塵貳渺貳漠陸埃捌逡

計已完米分壹釐玖毫伍絲

坍荒貳釐貳毫壹絲

未完玖釐柒毫參絲查此未完銀內據後

官許惟枚代徵完伍釐捌毫捌絲銀

壹千肆百參拾兩肆分玖毫參絲肆

忽壹微參纖肆塵壹渺參漠柒埃肆

逡柒巡

實未完參釐捌毫伍絲銀玖百參拾柒兩陸

錢伍分伍釐肆毫伍絲參微捌纖肆

沙壹塵捌漠玖埃參逡參巡

接徵見任知縣許惟枚自乾隆拾年拾壹月初叁日到任起至
年底計伍拾捌日應徵壹分陸釐壹
毫壹絲銀叁千玖百壹拾玖兩捌錢
柒分伍釐柒毫叁絲捌忽叁微捌塵
玖漠柒逡

已完銀叁千伍百叁拾柒兩玖釐伍毫貳
絲玖忽捌微陸纖肆沙

存貯縣庫銀壹千柒百壹拾兩

冲没田地停緩銀壹百貳兩玖錢柒釐壹
毫肆絲貳忽伍微陸纖柒沙貳塵貳
渺貳漠捌埃壹逡柒巡

查前項已完併存貯縣庫銀內除本任應
徵全完外計又代徵前官許逢元
名下銀壹千肆百叁拾兩肆分玖毫

貳絲肆忽壹微貳纖肆塵壹渺貳漠

米柒肆遂米逊

全完

計已完壹分伍釐陸毫玖絲

坍荒肆毫貳絲

江寧府乾隆十年分田地人丁清册

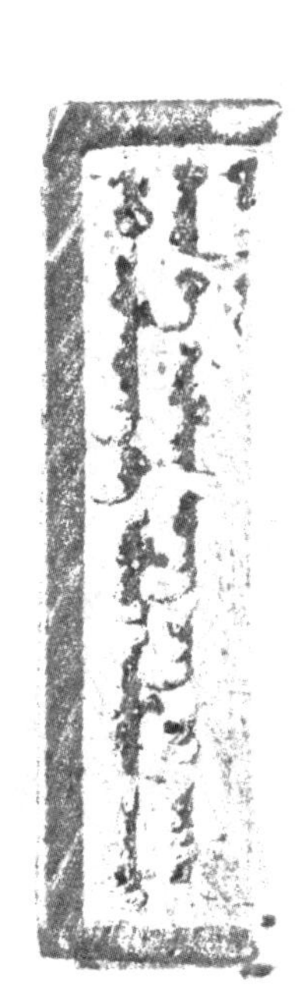

江寧縣

乾隆拾年分

原額續增田地山塘雜產共柒千肆百肆拾捌頃陸拾伍畝叁分貳釐柒絲肆忽又為清查各省之地等事案內丈增田地山塘壹百壹拾頃貳拾叁畝肆釐伍毫柒絲肆忽肆微又陞增田地山塘玖拾壹畝陸分伍釐壹絲叁忽肆微又於籌餉期於有濟等事案內清查出田地壹拾柒畝伍分肆釐又於請寬陞科等事案內民人伍士遠於雍正貳年認墾報陞於雍正捌年起科荒蕪田地塘叁頃陸拾叁畝柒分壹釐

實在田地山塘雜產共柒千伍百陸拾叁頃陸拾壹畝壹分

玖釐肆毫陸絲壹忽捌微原額應徵
併徵漕贈五銀及增編本色料價除
減編本色舖墊外實徵銀貳萬伍千
玖百貳拾玖兩肆錢叁分叁釐叁毫
玖絲玖忽柒微柒纖壹沙玖渺伍漠
又另徵優免充餉銀捌拾叁兩肆錢
伍分貳釐貳毫壹絲壹忽陸微貳纖
壹沙肆塵伍渺柒漠各年陞丈增及
續墾改則陞科併漕贈五銀陸百捌
拾陸兩伍錢玖分貳釐叁毫叁絲伍
忽玖微叁纖伍沙柒塵柒渺玖漠又
雍正捌年伍士遠陞科充餉銀壹拾
肆兩陸錢陸分陸釐伍毫叁絲玖忽
玖微壹纖壹沙陸塵柒渺伍漠柒逡

壹巡
通共銀貳萬陸千柒百壹拾肆
兩壹錢肆分肆釐肆毫捌絲柒忽貳
微肆纖壹沙陸漠柒逡壹巡

原額人丁貳萬貳千肆百玖拾壹丁內除實在優免人丁貳百
柒拾壹丁實在當差併餘不免人丁
貳萬貳千貳百貳拾丁又全書原編
於順治拾肆年審增人丁壹千貳百
貳丁又康熙元年審增人丁壹千柒
百玖拾叁丁康熙拾壹年審增人丁
壹百陸拾貳丁康熙拾伍年審增人
丁陸百柒拾叁丁康熙貳拾年審增
人丁肆百陸拾玖丁康熙貳拾伍年
審增人丁肆百肆拾叁丁康熙叁拾
年審增人丁壹百陸拾丁康熙叁拾

伍年審增人丁壹百玖拾玖丁康熙
肆拾年審增人丁貳百陸拾貳丁康
熙肆拾伍年審增人丁陸拾伍丁康
熙伍拾年審增人丁叁拾伍丁雍正
玖年審增人丁壹百叁拾柒丁乾隆
陸年審增人丁貳丁
實共人丁貳萬柒千捌百貳拾貳丁內除雍正玖年乾隆陸
年審增人丁壹百叁拾玖丁欽
遵
恩詔永不加賦外實在當差人丁貳萬柒千陸百捌拾叁丁原額應徵銀壹千陸
百壹拾捌兩玖錢柒分貳釐另徵餘
不免人丁銀貳拾伍兩叁錢捌釐
各年審增人丁銀肆百肆兩貳錢陸
分貳釐通共應徵銀貳千肆拾捌兩

伍錢肆分貳釐查前項人丁銀兩已
於丁隨田辦以廣
皇仁事案內詳奉督撫貳院
題准部覆在於本縣實熟田地內攤徵理合登明
又不在丁田草場租原額銀壹百捌拾柒兩玖錢伍分陸釐
玖毫陸絲丈增草場租銀柒拾貳兩
柒錢陸分肆釐肆毫玖絲貳忽柒微
貳纖貳沙又於
國賦有自然之利等事案內丈增草場租銀捌兩柒錢陸分捌毫玖絲柒忽
捌微柒纖捌沙肆塵學租銀壹百肆
拾兩肆錢叁分伍釐肆毫匠班銀壹
兩叁錢伍分又籌餉捐於有濟等事
案內清查出坊廂房地荒攤等項應
徵租銀肆拾肆兩伍錢玖分壹釐貳

毫肆絲壹忽壹微共徵銀肆百伍拾
伍兩捌錢伍分捌釐玖毫玖絲壹忽
柒微肆塵查此雜辦項下內有匠班
銀壹兩肆錢伍分業於援例詳請等
事案內詳奉督撫貳院

題准部覆在於該縣田地項下攤徵在案理合登明

以上地丁雜辦等項通共銀貳萬玖千貳百壹拾捌兩
伍錢肆分伍釐肆毫柒絲捌忽玖微
肆纖壹沙肆塵陸眞柒逡壹巡內除
豁免黃實樹等房租銀柒拾兩捌分
捌釐實該銀貳萬玖千壹百肆拾捌
兩肆錢伍分柒釐肆毫柒絲捌忽玖
微肆纖壹沙肆塵陸眞柒逡壹巡
內

隨漕輕齎蓆木等項正耗費併丈陞增共
銀玖百陸拾兩肆錢肆釐叁毫伍絲
陸忽貳纖捌塵肆渺柒漠又奉文陞
徵漕贈五釐併陞丈增共銀壹千肆
拾柒兩陸錢壹分貳釐貳毫陸絲捌
忽陸微玖纖陸沙壹塵貳渺伍漠以
上共銀貳千捌兩壹分陸釐陸毫貳
絲壹忽柒微壹纖陸沙玖塵柒渺貳
漠應分別起解給軍支銷應聽糧道
造報總漕部院奏銷

河工項下輕齎改派車盤溜夫等項併河
工陞丈增共銀壹千肆百貳拾伍兩
玖錢陸分貳釐柒毫陸絲壹忽肆微
玖纖陸沙伍塵伍渺柒漠應聽管河衙門

造報總河部院奏銷又解費水脚併歷
丈增共銀肆拾貳兩柒錢柒分捌釐
玖毫壹絲柒忽玖微肆纖肆沙捌塵
玖漠應聽通正支銷
驛站夫馬等銀壹萬陸千壹拾柒兩陸錢
陸分壹釐陸毫內除敬陳減差等事
案內裁銀伍千陸百柒拾肆兩肆錢
捌分陸釐壹絲陸忽陸微柒纖貳沙
玖塵陸渺陸漠又驛遞之差使等事
案內裁銀柒百捌拾捌兩肆錢又移
容事案內裁銀伍拾肆兩又題明請
將等事案內裁銀壹百伍拾兩又裁
龍江驛站銀壹百肆拾肆兩又敬陳
清釐等事案內裁減金陵東葛貳驛

復貳項下銀貳百柒拾叁兩陸錢又酌定驛朋等事案內裁減金陵江寧東葛崖驛復貳馬料等銀壹千玖拾叁兩伍錢陸分陸釐柒毫又除原協江浦縣併淮葛貳驛銀壹千柒拾玖兩陸分叁釐玖毫捌絲陸忽陸微貳纖柒沙陸渺肆漠已經奉文改歸江浦縣就近支給又詳籌酌盈等事案內裁減協濟雲亭驛馬匹草料工食等銀貳百肆兩捌錢陸分陸釐陸毫為應歸入後款存留池丁項下充餉外實該存留支給併復給金陵龍江等驛銀陸千伍百伍拾伍兩陸錢肆分捌釐叁毫應聽驛道於驛站奏銷

題達兵部核銷又庫斗等銀壹百壹拾伍兩貳錢全裁歸入後款存留兵餉

案內查明實支加存數目造報

項下充餉訖理合註明

各衙門官役俸工併存留支給等項共銀

肆千捌拾壹兩叁錢伍分貳釐柒毫

壹絲伍忽伍微陸沙肆塵柒渺又民

壯加增器械銀壹百兩又添給教官

俸銀肆拾捌兩肆錢捌分又增給孤

貧不敷柒布銀貳拾叁兩肆錢柒分

肆釐陸絲捌微共銀肆千貳百伍拾

叁兩叁錢陸釐柒毫柒絲伍忽捌微

伍纖陸沙肆塵柒渺內除各案仍裁

充餉併地丁解費等項共銀壹千伍

百陸拾叁兩壹錢貳分肆釐玖毫貳

絲伍忽捌微伍纖陸沙肆塵柒渺文於敬陳管見等事案內奉裁燈夫工食銀肆拾捌兩歸入後款存留兵餉項下充餉外實該支給併復給府縣學廩生廩糧等銀貳千陸百肆拾貳兩壹錢捌分壹釐柒毫捌絲內除編免黃寶樹等房租銀柒拾兩捌分捌釐外實徵銀貳千伍百柒拾貳兩玖分陸釐柒毫捌絲其支給完欠各數另於該年俸工細款冊內造冊隨

奏報部核銷

起運地丁正銀壹百伍拾肆兩壹錢柒分陸釐陸毫陸絲陸忽柒微陸纖柒沙貳塵壹渺應聽隨正支用報銷

實該起運并本色辦料及續陞科等銀壹萬陸千叁百捌拾柒兩壹錢玖分貳釐貳毫捌絲玖微柒纖陸沙叁塵壹渺叁漠又本處應協他處驛站今他處已就近支給應加原協之銀作正充餉銀陸百玖拾柒兩貳錢肆分貳釐伍絲貳共銀壹萬柒千捌拾肆兩肆錢叁分肆釐叁毫叁絲玖微柒纖陸沙叁塵壹渺叁漠內除他處協濟加充正項即於本處地丁內就近抵給驛站銀壹萬肆千玖兩陸錢玖分肆釐肆毫應併入前項驛站數內彙歸外實該起運并丈增民草場租共銀叁千柒拾肆兩柒錢叁分玖釐玖毫叁絲玖微柒纖

存留類編兵餉銀壹百柒拾兩原舊裁扣優免經費吏書等
陸沙叁塵壹渺叁漠
項除復給府縣學廩生廩糧併添給
就官庫銀民壯加增器械增給孤貧
不敷柒布銀兩外實該銀壹千叁百
壹拾兩柒錢柒分壹釐肆毫肆忽捌微貳
纖貳沙肆塵伍渺柒漠又奉裁府
縣
覲賞銀壹拾肆兩伍錢伍分伍釐陸毫貳絲貳忽本色絹疋水脚奉裁充餉
銀柒兩玖分叁釐捌毫叁絲伍忽陸
微肆纖各年增丁今改歸田地山塘
內攤徵銀肆百肆拾兩貳錢陸分貳釐
各年匿丈增銀貳百伍拾兩叁錢捌分
叁釐貳毫叁絲壹忽捌微壹纖壹沙

玖釐肆渺叁漠又雍正捌年匪科充
餉銀壹拾肆兩陸錢陸分陸釐伍毫
叁絲玖忽玖微壹纖壹沙陸塵柒渺
伍漠柒逡壹巡又驛站項下奉裁各
案併庫斗座船水夫等銀陸千玖百
貳拾陸兩捌分陸釐壹絲叁忽叁微
柒纖貳沙玖塵叁渺陸漠又各案裁
加併地丁解費燈夫等項除復給外
實裁銀壹千陸百壹拾壹兩壹錢貳
分肆釐玖毫玖絲伍忽捌微伍纖陸
沙肆塵柒渺又欽陳清釐等事案內
裁減金陵東葛貳驛驛站項下馬夫
工食銀貳百柒拾叁兩陸錢又酌定
驛朋等事案內裁減金陵江寧東葛

叁驛復設馬料銀壹千玖拾叁兩伍錢陸分陸釐柒毫又原協江浦縣併葛淮貳驛銀壹千柒拾玖兩陸分叁釐玖毫捌絲陸忽陸微貳纖柒沙陸渺肆漠今該處已就近支給應扣原協之銀充餉又詳籌酌盈等事案內裁減協撥雲亭驛馬匹草料工食等銀貳百肆兩捌錢陸分陸釐陸毫通共銀壹萬叁千叁百壹拾伍兩肆分伍毫叁絲肆纖貳沙伍塵肆渺伍漠柒逡壹巡

起存貳項共銀壹萬陸千叁百捌拾玖兩柒錢捌分肆毫陸絲壹忽壹纖捌抄捌塵伍渺捌漠柒逡壹巡內除額撥漕項銀壹百壹

拾伍兩貳錢應聽糧道造報奏銷外

實該解司地丁銀壹萬陸千貳百柒拾肆兩伍錢捌分肆毫陸

絲壹忽壹纖捌沙捌塵伍渺捌漠柒

茭壹逆內

一復辦本色銀硃拾叁斤壹拾伍兩壹錢伍分貳釐陸毫柒

熟銅叁拾貳斤陸兩另該價值銀玖

兩陸錢伍分叁釐壹毫叁絲柒忽貳

微伍纖鑄鏨銀貳兩伍分貳釐壹毫

柒絲肆忽壹微貳纖伍沙

前件全完據江寧府批差官劉珂解部交收

一請

旨事案內奉文增辦紅熟銅柒拾伍斤貳兩肆錢陸分肆釐壹毫該價值銀柒兩

伍錢壹分伍釐肆毫陸微貳纖伍

沙

前件全完據江寧府批差官劉珂解部文收

一請

旨事案內奉文增辦銀硃肆斤伍兩玖錢捌分伍釐柒毫該價值銀貳兩壹分貳
釐捌絲捌忽捌微柒纖伍沙

前件全完據江寧府批差官劉珂解部文收

一外解物料事案內奉文復辦烏梅壹拾壹斤拾肆兩捌錢
柒分柒釐柒毫該價值銀貳錢叁分
捌釐伍毫玖絲柒忽壹微貳纖伍沙
鋪墊銀壹錢叁分壹釐貳毫貳絲捌
忽肆微壹纖捌沙柒塵伍渺

前件全完據江寧府批差官劉珂解部文收

一外解物料事案內奉文增辦銀硃捌斤拾壹兩玖錢柒分
壹釐肆毫該價值銀肆兩貳分肆釐
壹毫柒絲柒忽柒微伍纖

前件全完據江寧府批差官劉河解部交收

一撥給該縣乾隆拾年額會二辦顏料併銀硃烏梅水脚銀陸錢伍分陸釐肆毫壹絲伍忽貳微肆纖伍沙伍塵

前件全完據該縣徑給另於仰體皇仁等事案內彙冊報銷

一撥候補行人司李世裔採辦丙寅年紙張價脚銀肆千柒拾貳兩貳分肆釐

前件全完係本司後回任內經收

一撥乾隆拾壹年成造時憲書紙張工料銀捌拾柒兩玖錢捌分陸釐捌毫

前件全完係本司後回任內經收

一撥乾隆拾年淮徐等屬被災賑濟銀捌千柒拾陸兩伍錢壹分捌釐

前件全完係本司發回付內經收

一經撥該縣節烈建坊銀壹百伍拾兩

前件全完

一經撥

關帝祭品銀陸拾兩

前件全完

一經撥

天后祠祭品銀柒兩貳錢

前件全完

撥剩銀貳千柒百玖拾伍兩伍錢陸分捌釐肆毫肆絲壹忽

陸微肆沙陸塵捌渺柒逡壹巡

內

停辦銀捌拾捌兩貳錢壹分貳釐肆毫柒絲柒忽貳微陸

沙

前件未完

地丁銀貳千柒百柒兩貳錢伍分肆釐玖毫陸絲肆忽伍微柒纖捌沙陸塵捌漠柒逡壹巡

前件已完銀柒百捌拾肆兩壹錢貳分貳釐壹毫壹絲肆微壹纖貳沙玖塵柒漠捌埃捌逡伍巡係本司後回任内經收

存貯縣庫見在提解銀壹千伍百貳拾玖兩壹錢玖分捌毫肆絲陸忽貳微肆纖

未完銀壹千貳百玖拾貳兩玖錢貳分貳釐柒忽捌微貳纖伍沙柒塵壹埃捌逡陸巡

歸併省衛

原額黃快軍三則閑丁共壹萬叁百玖拾丁半內除領田納糧不納丁銀屯丁壹千陸百玖拾壹丁又除題議官裁之冗員等事案內奉豁三則逃亡閑丁壹千貳百伍拾叁丁又除康熙叁拾等年編審案內審缺三則軍閑等丁叁拾肆丁半又於欽奉

上諭事案內奉

旨豁免故絕逃竄併見當民丁今又包賠軍丁共人丁壹千玖百叁拾柒丁半

實在各丁伍千肆百柒拾肆丁半原額共應徵銀貳千柒百玖拾伍兩陸錢柒分伍釐內除奉豁三則逃亡無徵銀貳百玖拾陸兩壹錢又除欽奉

江寧府乾隆十年分田地人丁清册

上諭事案內豁免故絕逃竄併見當民丁分包賠軍丁銀陸百伍拾貳兩伍錢伍

分實徵銀壹千捌百肆拾柒兩貳分

伍釐查前項銀兩已於丁隨田辦以

廣

皇仁事案內詳奉督撫貳院

題准部覆在於該縣併徵田地項下攤徵在案理合登明

原額比科習餘首蓿草場田地玖百肆拾柒頃肆拾畝柒分柒

釐壹毫壹絲伍忽壹微貳纖壹沙伍

塵玖漠柒埃又康熙伍年額外丈增

草場租地壹拾柒畝貳分玖釐壹毫

肆絲壹忽內除奉蠲積荒田伍拾叁

頃肆拾柒畝 壹分貳毫壹絲貳

忽壹微叁纖玖沙玖塵壹渺柒漠陸

埃又各年陞科及籌餉例及有濟等

事案內開墾陞科田地共肆拾肆頃
叁拾玖畝貳釐陞絲叁忽捌微柒纖
又欽奉
上諭事案內乾隆叁年清釐互寄田糧六合縣畫來田壹頃叁拾叁畝玖分伍
釐柒毫捌絲玖忽陞微柒纖共田地
玖百叁拾玖頃捌拾叁畝伍分叁釐
捌毫玖絲柒忽伍微貳纖壹沙伍塵
柒渺貳漠壹埃內除畫歸六合縣田
貳拾柒畝伍分又軍人林邦楪於雍
正拾貳年報墾應歸乾隆肆年起科
田貳拾伍畝陞分又奉撥旗圈田地
瘠伍拾貳畝貳分叁釐柒毫柒絲柒
微叁纖叁沙
實在田地併新陞共田玖百叁拾玖頃貳拾玖畝肆分壹毫

貳絲陸忽米微捌纖捌沙伍塵玖渺
貳漠壹埃原額各科不等共應徵銀
壹千米百肆拾貳兩肆分壹毫陸忽
米微壹纖貳沙壹渺貳漠壹埃陸渼
米茫內除奉豁積荒銀肆拾叁兩米
錢叁分伍毫叁絲貳忽壹微陸纖貳
沙米塵玖渺捌漠捌埃肆茫實徵銀
壹千陸百玖拾捌兩叁錢玖釐伍毫
米絲肆忽伍微肆纖玖沙貳塵壹渺
叁漠叁埃陸渼叁茫又各年丈墾陞
科銀玖拾米兩米錢壹分捌釐叁毫
肆絲伍忽米微肆纖捌沙捌塵叁渺
貳漠又乾隆叁年六合縣督率田地
劃歸本縣增徵銀壹兩陸錢伍分貳

釐柒毫貳絲肆忽肆微壹纖肆塵壹
埃陸漠貳模陸逡壹須伍臾玖淨共
該徵銀壹千柒百玖拾柒兩陸錢捌
分陸毫肆絲肆忽陸微玖纖捌沙伍
渺玖漠伍埃貳渺伍模陸逡壹須伍
臾玖淨內除寄莊米內劃歸六合縣
辦糧減徵銀柒錢貳分貳釐柒毫玖
絲伍忽玖微貳纖又畢人林邦樑於
雍正拾貳年報墾應歸乾隆肆年起
科銀柒錢捌分肆釐叁毫捌絲肆忽
又奉蠲旗圈田地塘無徵銀壹兩貳
錢捌分貳毫貳絲伍忽壹纖伍沙實
徵銀壹千柒百玖拾陸兩肆錢陸分
貳釐柒忽柒微陸纖叁沙伍渺玖

漠伍埃貳渺伍茫陸逡壹須伍臾玖
淨
又不在丁田房地租銀肆百柒拾貳兩玖錢壹釐捌毫陸絲
又籌餉案於有濟等事案內查出隱
匿陸科銀陸拾肆兩陸錢肆分肆絲
貳忽火柒銀壹錢陸分伍釐柒毫貳
絲貳微壹纖共徵銀伍百柒兩柒錢
柒釐伍毫玖絲貳忽貳微壹纖
以上地丁雜辦等項除原額豁免外原共實徵併新陞
共銀肆千捌百伍兩貳分肆釐捌毫
貳絲肆忽玖微捌纖捌沙伍渺玖漠
伍埃貳渺伍茫陸逡壹須伍臾玖淨
內除牟番旗圈田地君無徵銀壹兩
貳錢捌分貳釐貳絲伍忽壹纖伍沙

又欽奉

上諭事案內奉

旨豁免故絶逃竄併見當民丁今又包賠軍丁銀陸百伍拾貳兩伍錢伍分內

係屬缺

江安糧道協濟漕項支用銀壹千伍拾伍

兩壹錢伍分

驛傳道貢舫支用銀錢肆百玖拾柒兩肆

錢外實徵銀肆千壹百伍拾壹兩壹

錢玖分肆釐伍毫陸絲玖忽玖微柒

纖叁沙伍渺玖漠伍埃貳渺伍茫陸

茫壹須伍臾玖淨內

一撥解漕項銀貳千伍百玖拾伍兩伍錢陸釐伍毫貳絲壹

忽陸微貳纖叁沙捌塵貳渺捌漠壹

埃叁渺貳茫內除奉撥旗圈田地塘

無徵銀叁錢伍分貳釐伍毫捌絲叁忽陸微貳纖玖沙實徵銀貳千伍百玖拾伍兩壹錢伍分叁釐玖毫叁絲柒忽玖微玖纖肆沙捌塵貳渺捌漠壹埃叁渺叁茫應聽糧道造報奏銷

外

一撥解江南驛傳道貢舫銀壹千肆百貳拾貳兩壹錢伍分

內除奉旨旗圈田地塘無徵銀玖錢貳分柒釐陸毫肆絲壹忽叁微捌纖陸沙實徵銀壹千肆百貳拾壹兩貳錢貳分貳釐叁毫伍絲捌忽陸微壹纖肆沙內除乾隆玖年盜兌流抵銀貳拾叁兩玖錢陸分肆釐貳毫貳絲陸忽捌微陸纖柒沙伍塵叁渺柒漠

陸埃陸逡玖巡實徵銀壹千叁百玖
拾柒兩貳錢伍分捌釐壹毫叁絲壹
忽柒微肆纖陸沙肆塵陸渺貳漠叁
埃叁逡壹巡查此項貢站銀兩原係
銀柒錢叁徵收續於丁隨田辦等事
案內奉部覆令隨田一體徵銀是以
改徵全銀理合登明

前件全完外有溢完應行流抵下年新賦銀貳
拾肆兩捌錢玖分壹釐捌毫陸絲捌
忽貳微伍纖叁沙伍塵叁渺柒漠陸
埃陸逡玖巡係徑解驛傳道支給黄
快冊工修之用於遵

旨會議等事案內造冊報銷

一解司沙壓銀壹百叁拾叁兩捌錢捌分捌釐叁毫柒絲肆

忽捌微捌纖肆沙貳塵壹渺米莫貳
埃叁渺又互寄田糧米內六合縣匯
歸本縣會徵又本縣匯歸六合縣辦
糧以會抵減外實會銀玖錢貳分玖
釐玖毫貳絲捌忽肆微捌纖壹渺肆
漠壹埃叁渺貳茫叁逡壹須伍臾玖
淨共該銀壹百叁拾肆兩捌錢壹分
捌釐叁毫叁忽叁微叁纖肆沙貳塵
叁渺壹漠叁埃玖渺貳茫叁逡壹須
伍臾玖淨

前件已完銀壹百貳拾叁兩壹錢叁分叁釐貳
毫叁絲肆忽壹微伍纖玖沙貳塵貳
渺米漠貳埃叁渺係本司發回任內
經收

未完銀壹拾壹兩陸錢捌分貳釐叁絲玖
忽貳微伍沙肆漠壹埃陸渺貳漠陸
逡壹須伍臾玖淨

以上民竈地丁等項共應徵銀壹萬柒千捌百叁拾兩
陸錢貳分壹釐壹毫貳絲貳忽玖微
玖纖柒沙捌渺玖漠肆埃陸逡叁巡
陸須壹清伍淨玖漠

已完併徑解給共銀壹萬肆千柒百捌拾
叁兩伍錢叁分捌釐伍毫貳絲伍忽
柒微叁纖貳沙捌塵肆渺柒漠肆埃
肆逡陸巡外有省竈項下溢完應行
流抵下年銀貳拾肆兩捌錢玖分壹
釐捌毫陸絲捌忽貳微伍纖叁沙伍
塵叁渺柒漠陸埃陸逡玖巡

存貯縣庫見在提解銀壹千伍百貳拾玖
両壹錢玖分捌毫肆絲陸忽叁微肆
纖
乾隆玖年省衛項下溢完流抵拾年銀貳
拾叁両玖錢陸分肆釐貳毫貳絲陸
忽捌微陸纖柒沙伍塵叁渺柒漠陸
埃陸逡玖巡
省衛項下坍没公占田地停緩銀壹拾壹
両陸錢捌分貳釐叁絲玖忽貳微伍
沙肆漠壹埃陸逡貳巡陸須壹清伍
淨玖具業於清查歸除等事案內查
明造冊詳
題就聽彼案歸結
未完銀壹千肆百捌拾貳両貳錢肆分伍

釐肆毫捌絲肆忽捌微伍纖壹沙柒
塵壹埃捌渺陸逡
經徵學回知縣馮鉌立自乾隆拾年正月初壹日起至貳月初
壹日卸事計貳箇月壹日應徵壹分
陸釐玖毫肆絲銀貳千貳拾壹兩貳
錢玖分玖釐柒毫
已完經拾銀貳拾貳兩陸錢
乾隆玖年省裔項下溢完流抵拾年銀肆
兩陸分陸毫
省裔項下丹沒公占田地停緩銀壹兩玖
錢柒分玖釐肆毫
未完銀貳千玖百玖拾壹兩陸錢伍分玖
釐柒毫
計已完壹毫伍絲

坍荒壹絲

未完壹分陸釐柒毫捌絲

查此未完銀兩已據接官袁枚帶徵完

捌釐肆毫柒絲銀壹千伍百玖兩

肆錢壹分肆釐貳毫壹絲伍忽壹微

肆纖捌沙貳塵玖渺玖漠捌埃壹逡

肆巡

實未完捌釐叁毫壹絲銀壹千肆百捌拾

貳兩貳錢肆分伍釐肆毫捌絲肆忽

捌微伍纖壹沙柒塵壹埃捌逡陸

巡

接徵見任知縣袁枚自乾隆拾年叁月初貳日到任起至年底

計玖箇月貳拾玖日應徵捌分叁釐

陸絲銀壹萬肆千捌百玖兩叁錢貳

分壹釐肆毫壹絲貳忽玖微玖纖柒
沙捌渺玖漠肆埃陸逡肆巡陸須壹
清伍淨玖漠
已完併經解給銀壹萬肆千柒百伍拾玖
兩玖錢肆分捌釐伍毫貳絲伍忽柒
微肆纖貳沙捌塵肆渺柒漠肆埃肆
逡陸巡外有省衛項下溢完流抵銀
貳拾肆兩捌錢玖分壹釐捌毫陸絲
捌忽貳微伍纖肆沙伍塵肆渺柒漠
陸埃陸逡玖巡
存貯縣庫見在提解銀壹千伍百貳拾玖
兩壹錢玖分捌毫肆絲陸忽肆微肆
纖
乾隆玖年省衛項下溢完流抵拾年銀壹

拾玖兩玖錢叁釐陸毫貳絲陸忽捌
微陸纖柒沙伍塵叁渺柒漠陸埃陸
逡玖巡
省衞項下抄没公占田地官緩銀玖兩柒
錢貳釐陸毫叁絲玖忽貳微伍沙肆
漠壹埃陸逡貳巡陸須壹瞬伍淨玖
漠
查前項已完銀兩內除本任應徵銀兩
全完外許又帶徵完前官馮紹立名
下銀壹千伍百玖兩肆錢貳分肆釐
貳毫壹絲伍忽壹微肆纖捌沙貳塵
玖渺玖漠捌埃壹逡肆巡
全完
許完捌分叁釐

坍荒陸絲

查該縣首條項下坍荒停緩銀兩除於
冊內造報外尚該銀貳拾貳兩陸錢
陸分貳釐玖毫柒絲捌忽貳微陸纖
伍沙叁塵捌渺玖漠伍埃肆逡伍巡
貳須玖臾捌清肆淨壹渜應聽糧道
衙門於漕項冊內註緩理合登明

句容縣

乾隆拾年分

原額田地山塘蘆蕩草場共壹萬肆千肆百玖拾玖頃肆拾貳畝壹毫又爲清各省之地等事案内丈增田陸拾柒畝壹分柒釐貳毫又陸續增田地陸拾貳畝柒分壹釐又乾隆拾年蘆洲轉漕田壹千肆百柒拾捌畝

實在田地山塘蘆蕩草場共壹萬肆千伍百壹拾伍頃伍拾畝捌分捌釐肆毫原額應徵併漕增五限及增編本色料價除減編本色漏墊外實該徵銀伍萬伍千壹百玖拾陸兩貳錢壹分柒釐玖毫肆絲伍忽柒微陸纖陸沙壹塵玖渺又另徵

優免充餉銀壹百貳拾陸兩柒錢捌
分陸釐陸毫貳絲捌忽肆微伍纖貳
沙捌渺柒漠各年歷丈增及改則陞
科併漕贈五銀米拾捌兩柒錢柒分
貳釐玖絲貳忽貳微肆纖肆沙壹塵
陸渺玖漠陸埃捌逡又乾隆叁年爲
始均編禮屬藥材銀貳拾壹兩壹錢
貳分貳釐叁毫捌絲柒忽叁微叁纖
叁沙叁塵叁渺叁漠叁埃又乾隆拾
年蘆洲轉漕歷增銀捌拾柒兩伍錢
伍分陸釐伍毫柒絲叁微陸纖陸沙
貳塵壹漠陸逡通共該徵銀伍萬伍
千伍百壹拾兩伍錢伍分伍釐陸毫
貳絲肆忽壹微陸纖壹沙捌塵玖渺

原額人丁肆萬陸千貳百肆丁內除實在優免人丁伍百貳拾

玖莫玖奚陸逡捌逃

壹丁實在當差併除不免人丁肆萬

伍千陸百捌拾叁丁又全書原編於

順治拾肆年審增人丁叁丁叁百貳

拾貳丁又康熙元年審增人丁壹拾

叁丁康熙肆年清查出人丁壹拾柒

丁康熙拾壹年審增人丁叁拾肆丁

康熙拾伍年審增人丁叁拾貳丁康

熙貳拾年審增人丁壹拾柒丁康熙

貳拾伍年審增人丁叁拾丁康熙叁

拾年審增人丁叁拾肆丁康熙叁拾

伍年審增人丁壹拾柒丁康熙肆拾

年審增人丁壹拾柒丁康熙肆拾伍

年審增人丁壹拾柒丁康熙伍拾年
審增人丁壹拾柒丁康熙伍拾伍年
審增人丁壹拾柒丁康熙陸拾年審
增人丁壹拾柒丁雍正肆年審增人
丁叁拾貳丁雍正玖年審增人丁叁
拾叁丁乾隆元年審增人丁叁拾捌
丁乾隆陸年審增人丁肆拾肆丁
實在人丁肆萬玖千肆百叁拾壹丁內除康熙伍拾伍年陸
拾年併雍正肆年玖年乾隆元年陸
年共審增滋生人丁壹百捌拾壹丁
欽遵
恩詔永不加賦外實在當差人丁肆萬玖千貳百伍拾丁原額應徵丁銀陸千貳
百叁拾捌兩柒錢肆釐又另徵優免
銀陸拾伍兩伍錢伍分各年審增併

清查出[illegible]銀肆百[illegible]拾貳兩貳錢
肆分陸釐通共徵銀陸千柒百玖拾
陸兩伍錢查前項銀兩業於丁隨田
辦以廣
皇仁事案內詳奉督撫憲院
題准部覆在於該縣田地項下攤徵在案理合登明
下在丁田草場租原額銀伍百捌拾貳兩伍錢玖分貳毫貳
絲文曾草場租銀陸兩捌分玖釐肆
毫陸絲伍忽壹微貳纖貳沙捌塵玖
渺又於
國賦有自然之利等事案內文曾草場租銀貳拾肆兩肆錢叁分肆釐肆毫
伍絲陸忽壹微捌纖肆沙叁塵壹渺
學租銀貳百貳兩捌錢伍分柒釐柒
毫匠班銀貳百陸拾玖兩伍錢伍分

共徵銀壹千捌拾伍兩伍錢貳分壹釐捌毫肆絲壹忽叁微柒沙貳塵叁此雜辦項下匠班銀貳百陸拾玖兩伍錢伍分業於援例詳請等事案內

詳奉督撫憲院

題准部覆在於該縣田地攤徵在案理合登明

以上地丁雜辦等項共銀陸萬叁千叁百玖拾貳兩伍錢柒分柒釐肆毫陸絲伍忽肆微陸纖玖沙玖渺玖漠玖埃陸逡捌巡

隨漕輕賫席木正扛費併陞增共銀壹千伍百叁拾貳兩壹錢陸分肆釐捌毫陸絲捌忽肆微陸纖貳沙伍塵叁渺捌漠又奉文並徵漕贈五銀併陞增共銀壹千陸百柒拾壹兩貳錢叁分

貳釐壹毫貳絲肆忽肆微壹纖肆沙貳塵捌渺貳漠以上共銀貳千貳百貳兩貳錢玖分捌釐玖絲貳忽捌微柒纖陸沙玖塵貳渺壹漠應分別起解給軍支銷應聽糧道造報總漕部院奏銷

河道項下歲脩改派車盤閘夫等項併陸續共銀貳千貳百柒拾肆兩肆錢肆分捌釐陸毫貳忽壹微捌纖柒沙陸塵陸渺玖漠應聽管河衙門造報總河部院奏銷解費水脚銀陸拾伍兩捌錢捌釐玖絲壹忽玖纖陸塵肆渺玖漠應聽隨正支銷

驛站夫馬併裁協衙驛銀捌千陸百壹拾

壹兩叁錢柒分玖釐壹毫壹絲柒忽
内各案奉裁除於遵
旨另行詳議事案内添設旱夫應支工食銀貳百捌拾捌兩外實裁銀肆千陸百
玖兩伍錢柒分玖釐貳毫壹絲柒忽
又於酌定驛朋等事案内奉裁馬匹
草料等銀伍百伍拾柒兩陸錢陸分
肆釐歸入役款存留地丁項下扣編
充餉又於一件詳籌酌盈等事案内
增編馬匹草料盤纏等銀肆百玖兩
柒錢叁分叁釐叁毫以裁汰增外實
該支給銀叁千捌百伍拾叁兩捌錢
陸分玖釐叁毫應聽驛道於驛站奏
銷案内查明實支扣存數目造報
題達兵部核銷又祗應庫子等銀壹千貳百肆拾伍兩肆釐捌毫貳絲伍微

全載歸入裁減存留案編兵餉項下

扣存充餉理合登明

各衙門官役俸工并存留支給及復給無欵同知俸工加會民壯器械等項共銀伍千伍百米拾肆兩肆錢貳分玖釐玖毫捌絲壹忽捌微米纖貳沙壹塵玖渺陸漠又會給教官俸銀肆拾捌兩肆錢捌分發備通省孤貧均給不敷米布銀壹拾捌兩壹錢玖分貳釐貳毫玖絲米忽壹微貳纖內除各案新裁并續裁地丁解費無欵同知俸工等銀壹千玖百肆拾玖兩壹錢伍分米釐貳毫貳絲肆忽陸微貳纖貳沙壹塵玖渺陸漠又除教陳管見

等事案內新裁府縣燈夫工食銀壹
拾陸兩又除通查直省鋪司等事案
內革裁鋪兵工食銀壹拾玖兩貳錢
捌分歸入後款存留額編兵餉項下
扣存充餉外實該支給銀壹千陸百
貳拾陸兩陸錢陸分伍釐肆絲肆忽
貳微米纖其支給完欠各數另於庫
工田內造明隨
奏報部核銷

起運地丁併均編藥材扛銀壹百壹拾貳
兩壹錢貳分捌毫米絲陸忽玖微捌
纖玖沙玖塵捌渺捌漠應聽覆正支
用報銷

實該起運併本色辦料均編藥材及蘆陸改則併丈增草場

租等銀叁萬陸千貳百叁拾叁兩陸錢貳分陸釐叁毫伍絲捌忽陸微捌沙壹塵陸渺柒漠玖埃捌逡又本處應協他處驛站今改他處已就近支給應扣原協之銀作正充官銀陸千壹拾伍兩肆錢伍分壹釐陸毫貳共銀肆萬貳千貳百肆拾玖兩柒分柒釐玖毫伍絲捌忽陸微捌沙壹塵陸渺柒漠玖埃捌逡內除他處協濟扣充正項卽於本處地丁銀內就便抵給驛站銀叁千捌百陸拾伍兩玖錢貳分伍釐壹絲叁忽又撥給會編驛站馬匹草料等銀肆百玖兩柒錢叁分叁釐叁毫併入前項驛站數內彙

銷外又乾隆拾年蘆洲轉漕陞增銀捌拾柒兩伍錢伍分陸釐伍毫柒絲貳微陸纖陸沙貳塵壹埃陸逡實該起運銀貳萬捌千陸拾兩玖錢柒分陸釐貳毫壹絲伍忽玖微柒纖肆沙貳塵陸渺捌漠玖埃陸逡捌巡

存留額編兵餉銀壹千玖百肆拾兩柒錢貳分壹毫玖絲壹微捌纖陸沙貳塵貳渺原舊義加優免經費吏書等項除復給廩生廩糧及鄉試同知俸工添給教官俸銀加增民壯器械發補均給孤貧不敷柴布等銀外實該銀壹千貳拾兩肆錢陸分壹釐壹毫柒絲壹忽伍微壹纖貳沙貳塵肆渺捌漠又奉裁府縣

實費銀壹拾柒兩叁錢叁分叁釐肆毫本色絹尺水腳等款充餉銀壹拾兩
伍錢捌分伍釐肆毫伍絲伍忽肆微
玖纖又裁併江東朝陽貳司併龍江
驛驛丞員下皁隸工食銀叁拾陸兩
各年審會併清查出丁銀肆百玖拾
貳兩貳錢肆分陸釐各年陞丈會銀
貳拾壹兩貳錢肆分柒釐陸毫伍絲
壹忽陸微陸纖柒沙捌塵叁渺又各
年新裁併續裁地丁解費船政同知
俸工等銀壹千玖百肆拾玖兩壹錢
伍分柒釐叁毫叁絲肆忽陸微貳纖
貳沙壹塵玖渺陸漠又各案奉裁驛
站銀除添裁旱夫工食外實裁銀伍
千捌百伍拾肆兩伍錢捌分柒釐叁

絲柒忽伍微又新裁府縣燈夫工食銀貳拾陸兩又新裁舖兵工食銀壹拾玖兩貳錢捌分又奉裁驛站項下馬匹草料等銀伍百伍拾柒兩陸錢陸分肆釐以上通共銀壹萬壹千玖百陸拾伍兩貳錢玖分壹釐貳毫肆絲玖微柒纖玖沙伍塵肆埃

起存貳項共銀伍萬貳拾陸兩貳錢陸分柒釐肆毫伍絲陸忽玖微伍纖貳沙捌塵柒渺貳漠玖埃陸逡捌巡內除額撥漕項銀貳百柒拾壹兩貳錢應聽糧道造報奏銷外

實該解司地丁等銀肆萬玖千柒百伍拾伍兩陸分柒釐肆毫伍絲陸忽玖微伍纖貳沙捌塵柒渺

貳萬玖[illegible]

一撥京口八旗併閒旗左右水師都司營乾隆拾壹年春季庫餉心紅米石草折等銀壹千肆百伍拾捌兩伍錢柒分伍釐肆毫伍絲玖忽

前件全完係本司後回任內經收

一撥漕標各營乾隆拾年官兵庫餉米折等銀壹萬壹拾兩

前件全完係本司後回任內經收

一復辦本色銀硃貳拾伍斤壹拾肆兩玖錢玖分肆釐叁毫紅熟銅捌拾肆斤貳兩共該價值銀貳拾兩陸錢肆分叁釐伍毫捌絲陸忽壹微貳纖伍沙鋪墊銀肆兩壹錢玖分玖釐捌絲伍忽捌微壹纖貳沙伍塵

江寧府乾隆十年分田地人丁清册

前件全完隨江寧府批差官劉珂解部交收

一 請

旨事案内奉文增辦紅熟銅壹百玖拾伍斤肆兩伍錢肆分玖釐肆毫該價值銀

壹拾玖兩伍錢貳分捌釐肆毫貳絲

貳忽柒微伍纖

前件全完隨江寧府批差官劉珂解部交收

一 請

旨事案内奉文新增鉛珠捌斤貳兩壹錢伍分壹釐柒毫該價值銀貳兩柒錢肆

分壹釐捌毫陸絲壹忽貳微柒纖伍

沙

前件全完隨江寧府批差官劉珂解部交收

一 外解物料事案内奉文復辦烏梅貳拾斤柒兩捌分伍釐

壹毫該價值銀肆錢捌釐捌毫伍絲

塵忽貳微柒纖伍沙鋪墊銀貳錢貳

分肆釐捌毫柒絲壹忽陸沙貳塵伍
渺

前件全完，據江寧府批差官劉珂解部交收

一外解物料事案內奉文會辦銀硃壹拾陸斤肆兩叁錢叁
釐肆毫，該價值銀柒兩肆尽捌分叁
釐柒毫貳絲貳忽柒微伍纖

前件全完，據江寧府批差官劉珂解部交收

一撥該縣乾隆拾年顏料水脚銀壹兩肆錢肆分貳釐壹毫
捌絲捌微玖纖伍塵

前件全完，係該縣徑給另於仰體

皇仁等事案內造冊報銷

一撥候補行人司李世裔採辦丙寅年紙張價脚銀伍千肆
百肆拾叁兩壹分玖釐

前件全完，係本司後回任內經收

一撥乾隆拾年淮徐等屬被災撥發賑濟銀壹萬玖千壹百陸拾柒兩捌錢壹分壹釐伍毫肆絲壹忽

前件全完係本司發回任內經收

一撥乾隆肆年淮揚徐海肆府州屬被災案内各州縣運販撥協安運米穀水陸脚費銀陸百伍拾陸兩玖錢捌分壹釐

前件全完係本司發回任內經收

一撥刑部尚書張照之父張彙祭品銀貳拾伍兩

前件全完係本司發回任內經收

一撥刑部尚書張照病故應給祭品銀貳拾伍兩

前件全完係本司發回任內經收

一撥婁縣具領原任已故刑部尚書張照應給全葬碑價銀捌百伍拾兩

前件全完係本司後回任內經收

一撥常鎮道等折造京口水師左右貳營沙船部價銀壹千陸百肆拾叁兩柒錢陸分壹釐貳毫

前件全完係本司後回任內經收

一撥蘇巡道等移領小修崇標中左右奇肆營沙船部價銀玖百叁拾伍兩叁分陸釐肆毫捌絲

前件全完係本司後回任內經收

一經撥

關帝祭品銀陸拾兩

前件全完

一經撥該縣烈婦建坊銀玖拾兩

前件全完

撥剩銀玖千貳百貳拾貳兩伍錢壹分壹毫柒絲捌忽捌微
陸纖玖沙陸塵貳渺貳漠玖埃陸逡
捌巡内

解部停辦銀肆百壹拾叁兩柒錢肆分捌釐貳毫伍忽陸
微叁纖捌沙貳塵伍渺

前件未完

地丁銀捌千玖百壹拾捌兩柒錢陸分壹釐玖毫柒絲叁
忽貳微叁纖壹沙叁塵柒渺貳漠玖
埃陸逡捌巡

前件已完銀肆千玖百玖拾壹兩玖錢壹分捌
毫伍絲肆忽陸微壹纖壹塵伍渺叁
埃捌巡係本司後回任内經收

存貯屬庫見在提解銀壹拾叁兩貳錢柒
分捌毫伍絲捌忽捌微貳纖捌沙

未完銀叁千玖百壹拾叁兩伍錢捌分貳
毫伍絲玖忽柒微玖纖叁沙貳塵貳
渺貳漠陸埃陸逡

歸併省衛

原額黃快寶丁叁百柒拾貳丁內除領田納科糧不納丁銀屯
丁壹百伍拾陸丁
實在納銀各丁貳百壹拾陸丁各科不等共徵銀柒拾伍兩
肆錢伍分於欽奉
上諭事案內奉
旨豁免訖

原額比科增餘併丈荒折糧共江田地伍拾壹頃捌拾叁畝陸
分肆釐捌絲肆忽內除積荒無徵田
壹拾陸頃壹拾伍畝玖分柒釐柒毫
肆絲肆忽又節年墾陸田壹拾貳頃

壹拾貳畝壹分陸釐肆毫

實在田地肆拾柒頃柒拾玖畝捌分貳釐柒毫肆絲原額各科不等共徵銀肆拾柒兩柒錢壹分玖毫貳絲壹忽陸微壹纖肆沙貳塵捌渺伍漠陸埃內除積荒無徵銀捌兩壹錢貳分貳釐捌毫貳忽貳微捌纖貳沙柒塵捌渺壹漠陸埃實徵銀貳拾玖兩伍錢柒分柒釐壹毫貳絲玖忽貳微貳纖壹沙伍塵肆漠又各年復墾陸科銀貳拾兩玖錢柒分壹釐伍毫陸絲陸忽貳微陸纖捌沙共應徵銀柒拾兩伍錢肆分捌釐陸毫玖絲伍忽伍微玖纖玖沙伍塵肆漠

以上丁田貳項原共實徵銀壹百肆拾伍兩玖錢玖分
捌釐陸毫玖絲伍忽伍微玖纖玖沙
伍塵肆渺內除欽奉
上諭事案內豁免丁銀柒拾伍兩肆錢伍分內係蠲缺
江安糧道協濟支用銀壹拾壹兩伍錢伍
分
驛傳道貢舫支用銀陸拾貳兩玖錢外實
徵地畝銀柒拾兩伍錢肆分捌釐陸
毫玖絲伍忽伍微玖纖玖沙伍塵肆
渺內
一撥漕項銀貳拾玖兩伍錢柒分柒釐壹毫貳絲玖忽貳微
貳纖壹沙伍塵肆渺應聽糧道造報
奏銷外
一解司銀叁拾兩玖錢柒分壹釐伍毫陸絲陸忽貳微陸纖

捌沙内

一撥豫省乾隆拾壹年河工銀陸兩肆錢玖分柒釐

前件全完係本司發回任内經收

撥剩銀貳拾肆兩肆錢柒分肆釐伍毫陸絲陸忽貳微陸

纖捌沙

前件全完係本司發回任内經收

以上軍民丁田貳項共銀肆萬玖千柒百捌拾陸兩貳

分玖釐壹絲貳忽貳微貳纖壹沙捌

塵柒渺貳漠玖埃陸逡捌巡該

經徵見任知縣趙天爵自乾隆拾年正月初壹日起至年底止

應徵前數

已完併經解拾共銀肆萬伍千肆百肆拾

伍兩肆錢貳分玖釐陸毫玖絲玖忽

陸纖壹沙肆塵貳埃捌巡

存貯屬庫見在提解銀壹拾叁兩貳錢柒
分捌毫伍絲捌忽捌微貳纖捌沙
民賦并荒銀伍拾陸兩陸錢伍分陸釐叁
毫玖絲柒忽肆微柒沙捌塵柒渺捌
漠叁埃於清查陸除等事案內詳
題銷聽候案歸結
未完銀肆千貳百柒拾兩陸錢柒分貳釐
陸絲捌忽貳纖叁沙伍塵玖渺肆漠
叁埃陸逡
查該縣原報坍沒田地業已造冊詳
題銷聽候案歸結其省衛坍荒銀壹拾伍兩柒錢叁分叁毫玖忽捌微因沙
壓已據解足見在移明糧道於漕項
內詳撥外再該縣尚有續報坍沒田
地未據詳報所有經徵完欠分數應

江寧府乾隆十年分田地人丁清册

俟勘明另查補報理合登明

溧水縣

乾隆拾年分

原額田地山塘溝蕩共壹萬伍百柒拾玖頃捌拾壹畝陸釐肆

毫又爲清各省之地等事案内丈増

山塘溝蕩叁百玖拾肆頃柒拾伍畝

叁分柒釐柒毫肆絲壹微肆纖又請

寛陞科等事案内康熙叁拾捌年民

人朱文政認墾陞科田叁拾伍畝又

請寛陞科等事案内乾隆捌年民人

苗文正等認墾陞科地壹拾畝叁分

壹釐陸毫又欽奉

上諭事案内乾隆叁年清釐互寄田糧高淳縣劃來田地蕩壹拾肆畝叁分肆釐

貳毫捌絲伍忽共田地山塘溝蕩蕩

壹萬玖百柒拾伍頃伍畝柒分捌釐

肆毫貳絲伍忽壹微肆纖內除劃歸高淳縣田地伍拾捌頃肆拾畝玖分捌釐玖毫壹絲肆忽肆微

實在田地山塘蕩灘壹萬玖百壹拾陸頃柒拾伍畝壹分壹釐壹毫壹絲柒微肆纖原額應徵及増編本色料價除減編本色鋪墊外實徵銀伍萬貳千伍百貳拾柒兩壹錢玖分貳釐捌毫陸絲柒忽陸微柒纖伍渺陸漠陸埃又另徵優免充餉銀捌拾肆兩玖錢壹分壹釐捌毫壹絲捌忽陸微壹纖捌沙肆塵陸渺捌漠又丈增銀貳百陸拾陸兩貳錢陸分陸釐捌毫柒絲伍忽捌微柒纖肆沙柒塵肆渺壹漠又各年認墾改科

田地陞增充餉銀貳拾陸兩壹錢柒分伍釐伍毫玖忽壹微玖纖肆沙捌塵捌渺叁漠捌族伍逡伍巡又乾隆伍年民人樊鵬昌等轉科田地陞增充餉銀貳拾柒兩柒錢貳分伍釐肆毫壹絲伍忽肆微柒纖陸沙陸塵陸渺貳漠玖逡柒巡又乾隆捌年民人芮文正等陞科田地充餉銀貳錢柒分肆釐陸毫柒絲捌忽伍微貳纖貳沙捌塵柒渺陸漠壹族陸逡貳巡又乾隆叁年高淳縣寄莊田地劃歸本縣增徵銀壹兩壹錢柒分柒釐陸毫陸絲伍微玖纖玖沙捌塵叁渺玖漠玖族肆逡貳巡又乾隆叁年起忠編

藥材銀貳拾壹兩壹錢貳分貳釐叁
毫捌絲柒忽叁微叁纖叁沙叁塵叁
渺叁漠肆埃共該徵銀伍萬貳千玖
百貳拾壹兩捌錢肆分肆釐貳毫壹
絲貳忽陸微玖纖捌塵貳渺柒漠柒
埃伍逡陸巡内除寄莊案内劃歸高
淳縣辦糧減徵銀肆百陸拾伍兩肆
錢陸分玖釐貳毫肆絲叁忽玖微伍
纖捌沙壹塵捌渺肆埃叁逡肆巡貳
須陸臾又劃歸内編藥材減壹錢捌
分伍釐玖毫伍絲叁忽玖微陸纖玖
沙玖塵貳渺壹漠叁埃肆逡壹巡柒
須肆臾實徵銀伍萬貳千肆百伍拾
陸兩壹錢捌分玖釐壹絲肆忽柒

微陸纖貳沙柒塵貳渺伍漠玖埃捌

逡

原額人丁壹萬玖千捌百伍拾壹丁內除優免人丁叁百伍丁

實在當差并餘不免人丁壹萬玖千

伍百肆拾陸丁又全書原額於順治

拾肆年審增人丁壹千伍拾丁康熙

元年審增人丁壹丁康熙肆年清查

出人丁貳百壹拾貳丁康熙拾壹年

審增人丁叁丁柒分伍釐康熙拾伍

年審增人丁貳拾柒丁康熙貳拾年

審增人丁壹百伍拾伍丁康熙貳拾

伍年審增人丁伍丁伍分康熙叁拾

年審增人丁壹拾叁丁康熙叁拾伍

年審增人丁貳百伍拾壹丁康熙肆

拾年審增人丁壹百壹丁康熙肆拾
伍年審增人丁壹百伍丁康熙伍拾
年審增人丁壹拾壹丁雍正玖年審
增人丁壹丁乾隆元年審增人丁壹
丁乾隆陸年審增人丁壹拾貳丁
實共人丁貳萬壹千肆百玖拾伍丁貳分伍釐內除雍正玖
年乾隆元年陸年審增人丁壹拾肆
丁欽遵
恩詔永不加賦外實在當差人丁貳萬壹千肆百捌拾壹丁貳分伍釐原額應徵
丁銀叁千捌百伍拾兩捌錢另徵下
免餘丁銀伍拾捌兩肆錢各年審增
并清查出人丁銀叁百捌拾柒兩伍
分文乾隆叁年清釐寄莊田地案內
高淳縣劃歸本縣增徵銀肆分貳釐

伍毫柒絲柒忽貳微玖纖壹沙叁渺
貳漠共徵銀肆千貳百玖拾陸兩貳
錢玖分貳釐伍毫柒絲柒忽貳微玖
纖壹沙叁渺貳漠內除劃歸高淳縣
田地應減徵銀肆拾柒兩捌錢叁分
壹釐肆毫柒絲捌忽貳微柒纖壹沙
柒塵捌渺肆漠肆逡伍巡貳須捌臾
實徵銀肆千貳百伍拾捌兩肆錢陸
分壹釐玖絲玖忽壹纖玖沙貳塵肆
渺柒漠玖埃伍逡肆巡柒須貳臾查
前項銀兩於丁隨田辦以廣

皇仁事案內詳奉督撫貳院
題准部覆在於該縣田地項下攤徵在案理合登明
不在丁田草場租原額銀肆拾叁兩陸錢陸分壹釐貳毫

柒絲壹微陸沙丈增草場租銀陸拾壹兩貳錢肆分肆釐捌毫柒絲玖忽肆微肆纖貳沙又於

國賦有自然之利等事案內丈增草場正脚銀壹拾伍兩壹錢肆分陸釐捌毫壹絲玖忽伍微壹纖柒沙壹塵又康熙肆拾年民人張春等認墾草場應陞場租正脚銀壹錢肆分肆釐柒毫貳絲捌忽玖微陸纖學租銀陸拾貳兩玖錢玖釐肆毫伍毋銀壹拾貳兩貳錢柒分壹釐伍毫又清釐寄莊田地案內高淳縣劃歸本縣增徵銀捌毫貳絲陸忽捌微玖沙肆塵陸渺伍漠伍埃共徵銀壹拾貳兩貳錢柒分貳釐陸毫貳絲陸忽捌微玖沙肆

塵陸渺伍漠五埃內除劃歸高淳縣
田地減徵銀壹錢捌釐捌絲壹忽玖
微伍纖柒沙玖塵肆渺壹埃壹逡叁
巡捌須叁臾實徵匠班銀壹拾貳兩
壹錢陸分肆釐貳毫肆絲肆忽捌微
伍纖壹沙伍塵貳渺伍漠叁埃捌逡
陸巡壹須柒臾漁戶出辦麻膠原額
併增編價值銀壹百伍拾兩伍錢捌
分陸釐柒毫叁絲伍忽玖微伍纖共
微銀叁百壹拾伍兩肆分伍釐柒絲
捌忽捌微貳纖叁沙陸塵貳渺伍漠
叁埃捌逡陸巡壹須柒臾查此雖辦
錢糧內有匠班銀壹拾貳兩壹錢陸
分肆釐貳毫肆絲肆忽捌微伍纖壹

沙伍塵貳渺伍漠壹埃捌逡陸巡壹須柒臾業於援例詳請等事案內詳奉督撫貳院題准部覆在於該縣田地項下攤徵在案理合登明

以上地丁雜辦等項共銀伍萬柒千伍百壹拾兩玖錢肆分陸釐肆毫玖絲捌忽柒微貳纖玖沙柒塵伍渺肆漠肆埃壹逡肆巡又均編藥材銀貳拾壹兩壹錢貳分貳釐壹毫捌絲柒忽壹微壹纖壹沙壹塵壹渺壹漠肆埃又高淳縣寄莊田地劃歸本縣增徵銀壹兩貳錢貳分壹釐陸絲肆忽柒微壹塵壹渺柒漠肆埃肆逡貳巡共銀伍萬柒千伍百壹拾壹兩貳錢捌分玖釐玖毫伍

絲柒微陸纖叁沙肆塵貳渺伍漠貳

埃伍逡陸巡內除本縣寄莊田地劃

歸高淳縣辦糧減徵銀伍百叁兩伍

錢玖分肆釐柒毫伍絲捌忽壹微伍

纖柒沙捌塵貳渺伍漠玖埃叁逡伍

巡壹須壹臾實徵銀伍萬柒千貳拾

玖兩陸錢玖分伍釐壹毫玖絲貳忽

陸微伍沙伍塵玖渺玖漠叁埃貳逡

捌須玖臾內

隨漕輕賫席木等項正扛費共銀壹千兩

陸錢肆分捌釐壹毫柒絲柒忽肆微

應分別起解給軍支銷聽糧道造報

總漕部院奏銷

續增漕折銀叁千玖百捌拾壹兩玖錢玖

分捌釐柒毫柒忽叁微壹纖貳沙柒
塵捌渺肆漠叁埃係抵補不敷行月
應聽糧道造報總漕部院奏銷
河工項下輕齎改派車盤溜夫等項共銀
壹千肆百捌拾伍兩陸錢叁釐伍毫
應聽管河衙門造報總河部院奏銷
又解費水脚銀肆拾貳兩玖錢捌分
肆釐伍忽應聽隨正支銷
驛站夫馬併裁協衙銀伍百兩內於欽陳
減差等事案內裁銀捌拾壹兩陸錢
又驛遞之差使等事案內裁站銀貳
百貳拾兩肆錢又協濟江東驛驛站
今就近支給銀壹百玖拾捌兩俱歸
入後款存留地丁項下充餉訖

各衙門官役俸工并存留支給等項共銀叁千玖百叁拾陸兩玖錢肆釐叁毫陸絲肆忽玖微伍纖叁沙陸塵柒渺又添給教官俸銀肆拾捌兩肆錢捌分又撥補恤孤不敷柴布銀貳拾伍兩貳錢叁分肆釐陸毫壹絲伍忽叁微陸纖共銀肆千壹拾兩陸錢壹分捌釐玖毫捌絲叁微壹纖叁沙陸塵柒渺內除各案仍裁併地丁解貴船政同知門子工食及新裁燈夫舖兵民壯工食共銀壹千肆百玖兩叁分玖釐陸絲伍忽玖微伍纖叁沙陸塵柒渺歸入後款存留項下充餉外實該支給銀貳千陸百壹兩伍錢柒分

玖釐玖毫壹絲肆忽叁微陸纖其支
給完欠各數另於俸工細款冊內造
明題
奏報部核銷
起運地丁杠腳併均編藥材共銀叁百叁
拾玖兩柒錢伍分玖釐貳毫肆絲柒
忽捌微陸纖柒沙捌塵叁漠應聽隨
正支用報銷
實該起運併本色辦料及丈增草場租共銀叁萬肆千陸百壹
拾捌兩貳分叁釐貳毫柒絲伍忽貳
微陸纖捌沙陸塵柒渺捌漠又本處
應協他處驛站今他處已就近支給
應扣原協之銀作正充餉銀伍千捌
百伍拾叁兩壹錢壹分肆釐叁毫伍

絲貳共起運銀肆萬肆百柒拾壹兩
壹錢叁分柒釐陸毫貳絲伍忽貳微
陸纖捌沙陸塵柒渺捌漠又均攤藥
材銀貳拾壹兩伍分壹釐玖毫陸絲
玖忽叁微叁纖叁沙叁塵叁渺叁漠
肆埃共徵銀肆萬肆百玖拾貳兩壹
錢捌分玖釐伍毫玖絲肆忽陸微貳
沙壹渺壹漠肆埃

存留額編兵餉銀叁千柒百玖拾玖兩玖錢肆分壹釐貳
毫伍忽柒微陸纖捌沙捌塵柒渺陸
漠又操院取用江淮司哨手銀壹拾
兩伍分原舊裁加優免經費吏書除
復給廩生廩糧外實該銀壹千叁百
陸拾伍兩陸錢肆分肆毫陸絲壹忽

肆微玖纖貳沙伍塵叁渺伍漠又奉

裁府縣

覲費銀壹拾伍兩陸錢陸分陸釐陸毫叁絲肆忽本色絹疋水脚奉裁充餉

銀壹拾壹兩壹錢貳分伍釐玖絲肆

微壹纖又裁併朝陽司俸銀壹拾玖

兩伍錢貳分各年審增人丁銀叁百

捌拾柒兩伍分又增銀捌拾捌兩陸

錢陸分捌釐玖毫玖絲捌忽陸纖壹

沙肆渺玖漠又康熙叁拾柒捌併肆

拾肆拾貳伍拾柒年及雍正柒年拾

壹年改科認墾田地陸科充餉銀貳

拾陸兩叁錢壹分捌釐捌毫伍忽壹

微玖纖肆沙捌塵捌渺叁漠捌埃伍

逡伍巡又乾隆伍年樊鶴昌等轉科

陞增充餉銀貳拾柒兩柒錢貳分伍釐肆毫壹絲伍忽肆微柒纖陸沙陸塵陸渺貳漠玖逡柒巡又乾隆捌年芮文正等陞科充餉銀貳錢柒分肆釐陸毫柒絲捌忽伍微貳纖貳沙捌塵柒渺陸漠壹埃陸逡貳巡又各案新裁地丁解費船政同知門子工食併燈夫舖兵民壯工食共銀壹千肆百玖兩叁分玖釐陸絲伍忽玖微伍纖叁沙陸塵柒漠又驛站項下奉裁銀叁百貳兩又協濟江東驛驛站改歸地丁充餉銀壹百玖拾捌兩以上共銀柒千陸百陸拾壹兩貳分叁毫伍絲肆忽捌微捌纖肆塵捌渺玖漠

壹埃壹逡肆巡内除添給教官俸銀肆拾捌兩肆錢捌分又撥補恤孤不敷柒布銀貳拾伍兩貳錢壹分肆釐陸毫壹絲伍忽壹微陸纖又除歸正互寄田地應減糧額除高淳縣劃歸本縣增徵外實減銀伍百貳兩壹錢柒分壹釐陸毫玖絲壹忽肆微伍纖柒沙肆塵捌渺捌漠肆埃玖逡壹巡壹須壹臾實徵銀柒千捌拾肆兩玖錢壹分貳釐肆絲陸忽陸纖壹沙陸埃貳逡捌須玖臾

起存貳項併均編藥材共該徵銀肆萬柒千伍百柒拾柒兩壹錢貳分壹釐陸毫肆絲陸微陸纖伍沙壹渺貳漠貳逡捌須玖臾内

除額撥蕩項銀貳百叁拾兩肆錢應

聽糧道造報奏銷外

實該解司地丁銀肆萬柒千叁百肆拾陸兩柒錢貳分壹釐陸

毫肆絲陸微陸纖伍沙壹渺貳漠貳

逡捌須玖臾內

一復辦本色銀硃壹拾捌斤拾伍兩壹錢陸分玖釐伍毫紅

熟銅叁拾貳斤陸兩共該價值銀壹

拾壹兩玖錢伍分叁釐陸毫貳絲叁

忽壹微貳纖伍沙捐埜銀貳兩陸錢

貳釐貳毫玖絲叁微壹纖貳沙伍塵

前件全完隨江寧府批差官劉珂解部交收

一請

旨事案內奉文增辦紅熟銅柒拾伍斤貳兩肆錢陸分肆釐壹毫動支銀米兩伍

錢壹分伍釐肆毫陸微貳纖伍沙

前件全完據江寧府批差官劉珂解部交收

一請
旨事案內奉文添辦銀硃伍斤拾伍兩捌分捌毫動支銀貳兩柒錢叁分叁釐伍
毫柒絲叁忽

前件全完據江寧府批差官劉珂解部交收

一外解物料事案內奉文復辦烏梅壹拾柒斤肆錢壹分肆
釐柒毫該價值銀叁錢肆分伍毫壹
絲捌忽叁微柒纖伍沙鋪墊銀壹錢
捌分柒釐貳毫捌絲伍忽壹微陸沙
貳塵伍渺

前件全完據江寧府批差官劉珂解部交收

一外解物料事案內奉文增辦銀硃壹拾壹斤拾肆兩壹錢
陸分壹釐陸毫該價值銀伍兩肆錢
陸分柒釐壹毫肆絲陸忽

前件全完據江寧府批差官劉珂解部交收
一撥該縣乾隆拾年分額賫二辦顏料水脚銀米錢捌分肆
釐叁毫捌絲柒忽叁微壹纖壹沙伍
塵
前件全完據該縣徑給另於仰體
皇上等事案內造冊報銷
一撥候補行人司李世裔採辦丙寅年紙張價脚銀叁千壹
百兩
前件全完係本司發回任內經收
一撥乾隆拾年淮徐等屬被災撥發賑濟銀叁萬伍千肆百
陸拾壹兩壹錢叁分叁釐柒毫陸絲
捌忽玖微肆纖肆沙壹塵玖渺柒漠
前件全完係本司發回任內經收
一撥給山陽縣具領修理淮郡緩工城垣工料銀肆千陸百

玖拾伍兩貳錢伍分柒釐捌毫玖忽

貳絲玖纖貳沙貳塵伍渺

前件全完係本司後回任內經收

一撥解江南黄運兩河乾隆拾年分堡夫工食銀壹千壹百

肆拾壹兩柒錢貳分貳釐

前件全完係本司後回任內經收

一徑撥

關帝祭品銀陸拾兩

前件全完

一徑撥乾隆捌年節婦建坊銀貳拾兩

前件全完

一解鎮海將軍驗給京口八旗節婦建坊銀壹百伍拾兩

前件全完係本司後回任內經收

撥剩銀貳千陸百柒拾陸兩玖錢壹分貳釐玖毫貳絲捌忽

伍微柒纖肆沙貳塵壹渺伍漠貳逡
捌須玖臾內
存糧解部停辦顏料價值併均攤藥材等銀貳百捌拾肆
兩捌錢柒分伍釐柒毫捌忽壹纖貳
沙伍塵
前件全完係本司後回任內經收
纖柒塵壹渺伍漠貳逡捌須玖臾
地丁銀貳千肆百玖拾貳兩肆分柒釐貳毫肆絲伍微陸
前件全完係本司後回任內經收
原編黃丁壹拾伍丁該徵銀伍兩貳錢伍分於欽奉
歸併省衛
上諭事案內奉
旨豁免訖內係蠲缺
原撥解糧道漕項支用銀柒錢伍分

原撥解江南驛傳道貢船支用銀肆兩伍
錢

以上軍民丁田等項除留免黄丁外該銀肆萬柒千貳
百肆拾陸兩柒錢貳分壹釐陸毫肆
絲陸微陸纖伍沙壹塵壹渺貳漠貳逡捌
須玖臾該

經徵丁憂知縣楊瓚自乾隆拾年正月初壹日起至年底應徵
前數
全完
計完拾分

高淳縣

乾隆拾年分

原額田地山蕩草塲柳㪚共柒千叁百叁拾玖頃陸拾陸畝捌
分伍釐壹毫又爲清各省之地等事
案內丈增地山蕩壹頃肆拾伍畝又
康熙肆拾叁年民人孔衍敏等認墾
應於肆拾玖年陞科蘆灘壹拾伍畝
貳分柒釐又雍正肆年徐儀等增陞
草塲租自願當年起科地叁百畝又
欽奉
上諭事案內乾隆叁年清釐互寄田糧溧水縣劃來田地山蕩伍拾捌頃肆拾畝
玖分捌釐玖毫壹絲肆忽肆微共田
地山蕩草塲柳㪚蘆灘柒千肆百貳
頃陸拾捌畝壹分壹釐壹絲肆忽肆

徵內除劃歸溧水縣田地蕩壹千肆
畝叁分肆釐蘆貳毫捌絲伍忽
實在田地山塘草場柳蕩蘆蕩共米千肆百貳頃伍拾叁畝
米分陸釐蘆米毫貳絲玖忽肆微原額
應徵及會編本色料價鋪墊各衙門
各款實徵銀肆萬貳千捌百陸拾陸
兩陸錢玖分捌蘆米毫陸絲伍忽叁
沙貳塵肆渺捌漠又另徵優免充餉
銀米拾肆兩陸錢壹分叁蘆壹毫捌
絲壹忽伍微米纖貳沙貳塵陸渺壹
漠各年陸丈會併雍正肆年會陸充
餉銀叁兩捌錢捌毫陸絲伍忽陸微
肆沙貳塵玖渺米漠貳埃又乾隆叁
年溧水縣會案田地劃歸本縣會徵

銀肆百陸拾伍兩肆錢陸分玖釐貳
毫肆絲貳忽玖微伍纖捌沙壹塵捌
渺肆埃貳逡肆巡壹須陸臾又劃歸
均編雜稅銀壹錢捌分伍釐玖毫伍
絲貳忽玖微陸纖玖沙玖塵壹渺壹
漠貳埃肆逡壹巡柒須肆臾共該徵
銀肆萬貳千肆百壹拾兩柒錢陸分
捌釐壹絲壹微捌沙柒漠玖埃柒逡
陸巡內除寄莊田地劃歸溧水縣辦
糧減徵銀壹兩壹錢柒分柒釐陸毫
陸絲伍微玖纖玖沙捌塵貳渺玖漠
玖埃肆逡貳巡實徵銀肆萬貳千肆
百玖兩伍錢玖分貳毫肆絲玖忽伍
微捌沙壹塵陸渺捌漠貳逡肆巡

江寧府乾隆十年分田地人丁清册

原額人丁柒千陸百壹拾玖丁內除實在優免人丁叁百柒拾捌丁實在當差併餘不免人丁柒千貳百肆拾壹丁又全書原編於順治拾肆年審增人丁壹千壹百陸拾貳丁又康熙元年審增人丁壹千叁百捌拾柒丁康熙肆年清查出人丁肆拾壹丁康熙拾壹年審增人丁肆拾壹丁康熙拾伍年審增人丁伍拾捌丁康熙貳拾年編審新增人丁陸拾丁康熙貳拾伍年編審新增人丁陸拾貳丁康熙叁拾年審增人丁陸拾捌丁康熙叁拾伍年審增人丁肆拾伍丁康熙肆拾年審增人丁伍拾柒丁康熙肆拾伍年審增人丁陸拾貳

丁康熙伍拾年審實人丁陸拾柒丁
雍正玖年審實人丁壹百壹拾丁乾
隆元年審實人丁壹百貳拾丁乾隆
陸年審實人丁貳百貳拾丁
實共人丁壹萬玖百壹丁內除雍正玖年併乾隆元年陸年
審實人丁伍百伍拾丁欽遵
恩詔永不加賦外實在當差併餘不免人丁壹萬貳百伍拾壹丁原額應徵丁銀
壹千貳拾陸兩伍分另徵餘不免人
丁銀伍拾兩壹錢各年審實併清查
出人丁銀肆百陸拾陸兩伍錢又乾
隆貳年清釐寄莊田地案內溧水縣
劃歸本縣實徵銀貳拾柒兩捌錢貳
分壹釐肆毫柒絲捌忽貳微柒纖壹
沙柒塵捌渺肆漠肆逡伍巡貳須捌

實共徵銀壹千伍百玖拾兩肆錢捌
分壹釐肆毫柒絲捌忽貳微柒纖壹
沙柒塵捌渺肆漠肆逡伍巡貳須捌
實內除本縣衛歸并本縣田地減徵
銀肆分貳釐伍毫柒絲柒忽貳微玖
纖壹沙貳渺貳漠實徵銀壹千伍百
玖拾兩肆錢貳分捌釐玖毫伍微捌
纖柒塵伍渺貳漠肆逡伍巡貳須捌
實查前項銀兩業於丁隨田辦以
廣
皇仁事案內詳奉督撫貳院
題准部覆在於該縣田地項下攤徵在案理合登明
不在丁田草場租銀貳百柒拾貳兩肆錢肆分捌釐欽遵
旨密議事案內奉蘇撫張都院奏奉

俞允於乾隆伍年始蠲除外實該學租銀叁拾壹兩玖錢肆釐漁户出辦本折麻膠魚課鈔原額并會編價值共銀叁百貳兩捌錢叁分叁釐壹毫貳絲伍忽象湖出辦鸞駕庫修理銀伍拾玖兩伍錢玖分伍毫黑鉛鈔買米分陸釐捌毫貳絲伍忽捌微匠班銀叁拾兩壹錢伍分又清釐寄莊田地案内溧水縣劃歸本縣會徵銀壹錢捌釐捌絲壹忽玖微伍纖米沙玖塵肆渺壹漠壹逡叁巡捌須叁臾共銀叁拾兩貳錢伍分捌釐捌絲壹忽玖微伍纖米沙玖塵肆渺壹漠壹逡叁巡捌須叁臾内除劃歸溧水縣田地減徵銀捌毫貳絲陸忽捌微玖沙肆塵陸

麥伍萬伍勺實徵匠班銀叁拾兩貳錢伍分柒釐貳毫伍絲伍忽壹微肆纖捌沙肆塵柒渺肆漠陸埃壹逡叁巡捌須叁臾又新增義田租銀肆兩貳錢共徵銀肆百貳拾捌兩捌錢陸分壹釐柒毫伍忽玖微肆纖捌沙肆塵柒渺肆漠陸埃壹逡叁巡捌須叁臾查此雜辦項下內有匠班銀叁拾兩貳錢伍分柒釐貳毫伍絲伍忽壹微肆纖捌沙肆塵柒渺肆漠陸埃壹逡叁巡捌須叁臾業於援例詳請等事案內詳奉督撫貳院

題准部覆在於該縣田地項下雜徵在案理合登明

以上地丁雜辦等項共銀肆萬肆千玖佰貳拾陸兩伍

錢壹分柒釐貳毫肆絲貳忽玖微柒
纖玖沙玖塵陸漠貳埃又溧水縣寄
莊田地劃歸本縣會徵銀伍百肆兩
伍錢玖分肆釐柒毫伍絲捌忽壹微
伍纖柒沙捌塵貳渺伍漠玖埃柒逡
伍巡壹須壹臾共銀肆萬伍千肆百
肆拾兩壹錢壹分貳釐貳絲壹忽壹
微肆纖柒沙柒塵肆渺貳漠壹埃肆
逡伍巡壹須壹臾內除本縣寄莊田
地劃歸溧水縣辦糧減徵銀壹兩貳
錢貳分壹釐陸絲肆忽柒微肆塵肆
渺柒漠肆埃肆逡貳巡實徵銀肆萬
伍千肆百貳拾捌兩捌錢玖分玖毫
伍絲陸忽肆微肆纖柒沙肆塵玖渺

肆漠陸埃玖渺貳逡巡壹須壹臾內
漕折銀肆千貳百貳拾伍兩陸錢貳分肆
釐貳毫壹忽伍微貳纖捌沙玖塵米
兩係抵補不敷行月應聽糧道造冊
總漕部院奏銷
驛站夫馬併裁協衛驛銀肆百伍拾陸兩
內除撥陳減差等事案內奉裁除復
給外實裁銀壹拾玖兩陸錢又驛遞
之差使等事案內奉裁銀貳百貳拾
兩肆錢歸入後款存留額編兵餉項
下充餉外實存復給協濟江東驛銀
貳百壹拾陸兩於請酌驛站錢糧等
事案內全裁歸入後款存留項下造
報理合登明

各衙門官役俸工併存留支給等項共銀
叁千肆拾壹兩玖錢捌分壹釐玖毫
肆絲叁微伍纖陸塵肆渺玖漠又添
給教官俸銀肆拾捌兩肆錢捌分又
添撥均給孤貧不敷銀捌兩貳錢壹
分伍釐玖毫貳絲壹忽貳微捌纖共
銀叁千玖拾捌兩陸錢柒分柒釐捌
毫陸絲壹忽陸微叁纖陸塵肆渺玖
漠內除各案奉裁及地丁解費撥夫
併裁減民壯工食等銀壹千貳百壹
拾肆兩肆分壹釐捌毫伍絲貳忽捌
微伍纖陸塵肆渺玖漠歸入裁款存
留額編共餉項下充餉外實該支給
併復給廩生廩糧共銀壹千捌百捌

拾肆兩陸錢貳分陸釐捌忽柒微捌纖其支給兌欠數目另於奉工細款冊內造明題

奏報部核銷

起運地丁杠銀貳百玖兩貳錢玖分貳釐捌毫柒絲伍忽貳微伍纖壹沙柒塵貳渺伍漠應歸正支銷

實該起運併本色辦料及新增義田租銀除豁免草場租外

實該銀貳萬肆拾兩捌錢捌分壹釐壹毫壹絲柒忽玖微陸纖陸沙肆塵伍渺又本處應協他處驛站今他處已就近支給應扣原協之銀作正充餉銀貳千玖拾玖兩伍錢柒分陸釐肆毫實徵銀貳萬貳千壹百肆拾兩

肆錢伍分柒釐伍毫壹絲柒忽玖微陸纖柒沙肆塵伍渺

存留額編兵餉銀貳千伍百陸兩伍錢捌分玖釐玖毫叁絲捌忽肆微貳纖捌塵伍沙肆渺淮倉米折銀伍百伍拾叁兩伍錢原舊裁扣優免經費吏書等項除復給廩生廩糧外實該銀壹千壹百陸拾貳兩柒錢陸分肆釐壹毫陸絲柒忽柒微叁纖伍沙叁塵柒渺又奉裁府縣

規費銀壹拾肆兩伍錢伍分伍釐陸毫叁絲貳忽本色粡足水腳奉裁充餉銀肆兩肆錢肆分壹釐柒毫叁絲壹忽伍微肆纖又裁併江東宣課司俸銀叁拾壹兩伍錢貳分各年審會併清查出丁銀肆百陸拾陸兩伍錢各

年陸文會銀叁兩壹錢柒分捌釐貳毫伍絲捌忽捌微肆沙玖塵伍渺壹漠貳埃共銀肆千柒百肆拾叁兩肆分玖釐玖毫貳絲柒忽柒微捌纖壹沙壹塵壹渺貳漠貳埃又驛站項下奉裁銀貳百肆拾兩又各案奉裁及裁減民壯工食等項共銀壹千貳百壹拾肆兩肆分壹釐捌毫伍絲貳忽捌微伍纖陸塵肆渺玖漠又新裁驛站銀貳百壹拾陸兩以上共銀陸千肆百壹拾叁兩玖分壹釐伍毫捌絲陸微叁纖壹沙柒塵陸渺壹漠貳埃內除添給教官俸銀肆拾捌兩肆錢捌分又撥均給孤貧不敷銀捌兩貳

釐壹分伍釐玖毫貳絲壹忽貳微捌
纖歸於俸工項下造報外實該銀陸
千叁百伍拾陸兩叁錢玖分伍釐陸
毫伍絲玖忽叁微伍纖壹沙柒塵陸
渺壹漠貳埃又歸正互晉田地除劃
歸溧水縣辦糧外本縣實會徵銀伍
百貳兩叁錢柒分叁釐陸毫玖絲叁
忽肆微伍纖柒沙肆塵捌渺捌漠肆
埃玖逡叁巡壹須壹臾共徵銀陸千
捌百伍拾捌兩柒錢陸分玖釐叁毫
伍絲貳忽捌微玖沙貳塵肆渺玖漠
陸埃玖逡叁巡壹須壹臾

起存貳項共銀叁萬捌千玖百玖拾玖兩貳錢貳分陸釐
捌毫柒絲柒微柒纖陸沙陸塵玖渺

玖漠陸埃玖逡叁巡壹須壹臾内除

額徵漕項銀貳百叁拾伍兩貳錢應

聽糧道造報奏銷外

實該解司地丁銀叁萬捌千柒百陸拾肆兩貳分陸釐捌毫

柒絲柒微柒纖陸沙陸塵玖渺玖漠

陸埃玖逡叁巡壹須壹臾内

一復辦銀硃壹拾柒斤壹拾伍兩貳錢陸分伍釐伍毫紅熟

銅叁拾壹斤捌兩共該價值銀壹拾

壹兩肆錢捌釐捌毫捌絲叁忽壹微

貳纖伍沙鋪墊銀貳兩肆錢柒分捌

釐玖毫伍絲叁微壹纖貳沙伍塵

前件全完據江寧府批差官劉玥解部交收

一請

旨事案内奉文增辦紅熟銅柒拾叁斤壹兩玖錢陸分伍釐動用銀柒兩叁錢壹

分貳釐貳毫捌絲壹忽貳微伍纖

前件全完據江寧府批差官劉珂解部交收

一請

旨事案內奉文添辦銀硃伍斤拾兩玖分肆釐壹毫動用銀貳兩伍錢玖分壹毫
米絲陸忽陸微貳纖伍沙

前件全完據江寧府批差官劉珂解部交收

一外解物料事案內奉文復辦烏梅壹拾肆斤壹拾伍兩米
錢肆分肆釐肆毫該價值銀貳錢米
分玖釐陸毫米絲玖忽壹微貳纖伍
沙鋪墊銀壹錢伍分肆釐捌毫貳絲
肆忽伍微壹纖捌沙米塵伍渺

前件全完據江寧府批差官劉珂解部交收

一外解物料事案內奉文增辦銀硃壹拾壹斤肆兩壹錢捌
分陸釐貳毫該價值銀伍兩壹錢捌

分貳毫伍絲貳忽貳微伍纖

前件全完據江寧府批差官劉珂解部交收

一撥該縣乾隆拾年額增二辨顏料并新增銀硃烏梅水脚

共銀柒錢肆分玖釐伍毫玖絲捌忽

肆微伍纖肆沙伍塵

前件全完係該縣徑給另於冊體

皇仁等事案內造冊報銷

一撥山陽縣修理淮郡撥工城垣工料銀肆千壹百捌兩玖

錢伍釐貳絲貳忽壹纖玖沙貳塵伍渺

前件全完係愛署司任內經收

一撥乾隆肆年淮揚徐海肆府州屬被災案內各州縣運廠

撥協接運米穀水脚銀壹千肆百壹

拾陸兩伍錢伍分柒釐伍絲壹忽

前件全完係本司後回任內經收

一撥黃運兩河乾隆拾年歲支工食銀陸千肆百陸拾伍兩

伍錢肆釐肆毫柒絲肆忽

前件全完係本司後回任內經收

一撥淮徐等屬被災賑濟銀玖千伍拾捌兩壹錢壹分肆釐

捌毫伍絲壹微捌沙貳塵半渺伍漠

前件全完係本司後回任內經收

一經撥

關帝祭品銀陸拾兩

前件全完

一經撥節婦建坊銀叁百兩

前件全完

一經撥壽婦建坊銀叁拾兩

前件全完

撥剩銀壹萬捌千貳百玖拾肆兩柒錢玖分壹釐柒毫貳絲

柒忽玖微捌纖捌沙肆塵貳渺肆漠
陸埃玖逡叁巡壹須壹臾內

應解部類料餘價及戶折盤解併停辦黃白蠟正腳等銀
貳百肆拾肆兩柒錢壹分肆釐肆毫
柒微伍纖玖沙柒塵伍渺

前件未完

地丁銀壹萬捌千伍拾兩柒分柒釐叁毫貳絲柒忽貳微
貳纖捌沙陸塵柒渺肆漠陸埃玖逡
叁巡壹須壹臾

前件已完銀壹萬壹千肆百叁拾捌兩陸毫捌
絲肆微貳纖壹沙伍塵伍渺肆漠壹
埃叁逡柒須係本司後回任內經收

未完銀陸千陸百壹拾貳兩柒分陸釐陸
毫肆絲陸忽捌微柒沙壹塵貳渺伍

埃陸塵貳逡肆須壹臾

以上額徵地丁銀叁萬捌千柒百陸拾肆兩貳分陸釐
捌毫柒絲柒微柒纖陸沙陸塵玖渺
玖漠陸埃玖逡叁巡壹須壹臾

已完併經給共銀叁萬壹千玖百柒兩貳
錢叁分伍釐捌毫貳絲叁忽貳微玖
沙捌塵貳渺玖漠壹埃叁逡柒須

又勘報坍沒田地停緩銀壹百貳兩貳錢
捌分陸釐叁毫肆忽柒微肆纖玖沙
伍塵肆渺肆漠柒埃貳逡壹巡陸須
應聽請查豁除等事案內
題豁歸結

未完銀陸千柒百伍拾肆兩伍錢肆釐柒
毫肆絲貳忽捌微壹纖柒沙叁塵貳

渺伍漠捌埃肆逡捌須壹臾

經徵攸縣知縣董國松自乾隆拾年正月初壹日起至叁月初

伍日卸事計貳箇月伍日應徵壹分

捌釐伍絲伍忽銀陸千玖百玖拾玖

兩陸分肆毫陸忽陸微

已完并經節銀叁千肆百伍拾玖兩伍分

捌釐柒毫陸絲柒忽陸微捌纖

又勘報拋荒停緩銀壹拾捌兩肆錢陸分

捌釐叁毫伍絲玖忽

未完銀叁千伍百貳拾壹兩伍錢叁分叁

釐貳毫柒絲玖忽玖微貳纖

計已完捌釐玖毫貳絲肆忽

拋荒停緩肆絲捌忽

未完玖釐捌絲叁忽查前項未完銀兩內

據後官王鍾代數完壹釐陸毫柒絲
銀陸百肆拾捌兩貳錢柒分陸釐陸
毫叁絲壹忽叁微貳沙陸塵柒渺肆
漠壹埃伍逡玖巡壹須玖臾

實未完柒釐肆毫壹絲叁忽銀貳千捌百柒
拾叁兩貳錢伍分陸釐陸毫肆絲捌
忽陸微壹纖柒沙叁塵貳渺伍漠捌
埃肆逡捌須壹臾

接截署印知縣蘇璞自乾隆拾年叁月初陸日到任起至陸月
壹拾伍日卸事計叁箇月貳拾日應
徵叁分伍毫伍絲伍忽銀壹萬壹千
捌百肆拾肆兩伍錢陸分叁釐柒毫
陸絲伍忽貳微

已完并逕給銀柒千玖百叁拾貳兩陸分

壹釐伍毫貳絲伍忽

又勘報折荒停緩銀叁拾壹兩貳錢伍分

肆釐壹毫肆絲陸忽

未完銀叁千捌百捌拾壹兩貳錢肆分捌

釐玖絲肆忽貳微

計已完貳分肆毫陸絲貳忽

折荒停緩捌絲壹忽

未完壹分壹絲貳忽

接徵見任知縣王邃自乾隆拾年陸月貳拾陸日到任起至年

底計陸箇月伍日應徵伍分壹釐叁

毫玖絲銀壹萬玖千玖百貳拾兩肆

錢貳釐陸毫玖絲捌忽玖微柒纖陸

沙陸塵玖渺玖漠陸埃玖逡叁巡壹

須壹臾

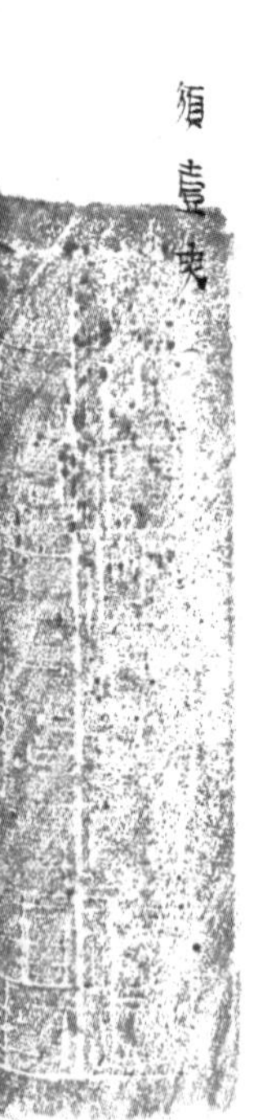

已完并經收銀貳萬伍百壹拾陸兩壹錢
壹分伍釐伍毫叁絲伍微貳纖玖沙
捌塵貳渺玖漠壹埃叁逡柒須
又勘報丹荒停徵銀伍拾貳兩伍錢陸分
叁釐柒毫玖絲玖忽柒微肆纖玖沙
伍塵肆渺肆漠柒埃貳逡壹巡陸須
全完
計完伍分壹釐貳毫伍絲伍忽
丹荒停徵壹毫叁絲伍忽查前項已完銀
內除本任應徵銀兩全完外計又代
徵完前官童國松名下未完銀陸百
肆拾捌兩貳錢柒分陸釐陸毫叁絲
壹忽叁微貳沙陸塵柒渺肆漠壹埃
伍逡玖巡壹須玖臾

江浦縣

乾隆拾年分

原額續增田地山塘基蕩水蕩泥灘雜產共貳千叁百玖拾柒頃壹拾陸畝捌分伍釐壹毫柒絲叁忽柒微匯增田地山塘壹頃肆拾陸畝陸分玖釐捌毫柒絲伍微又為清各省之池等事案內丈增田池山蕩壹百肆頃伍拾肆畝叁分貳釐陸毫壹微壹沙壹塵肆渺又除丈減田地山塘壹百貳拾貳頃叁拾陸畝捌分玖釐捌毫叁絲柒忽玖微貳纖又於康熙叁拾叁年民人楊天長等自首陞科山叁拾叁畝伍釐柒毫貳絲伍忽又於康熙叁拾伍年民人魏菂之

等自首陞科田地山蕩貳拾壹畝肆
分陸釐叁毫捌絲又於康熙叁拾肆
年民人何祥認墾應於肆拾年陞科
地貳拾玖畝捌分叁毫叁絲又於康
熙肆拾壹年民人鄒天爵認墾應於
肆拾柒年陞科荒田山共壹拾陸畝
肆分壹釐貳毫伍絲又民人祁印等
改則轉科徽地基塘貳百貳拾伍畝
壹分柒釐捌絲卽係額內改科之項
又墾田已冊等事案內康熙肆拾捌
年民人趙住等認墾起科基地山塘
叁拾伍畝玖分捌釐陸毫肆絲又請
寬陞科等事案內雍正捌年民人劉
秀臣等認墾陞科田山共壹拾陸畝

當分又清查陞除舟深等事案內
乾隆捌年報陞田地山塘貳項陞
拾叁畝肆分玖釐柒毫柒絲貳忽
玖微
實該田地山塘基蕩水漾泥灘貳千叁百捌拾肆頃玖拾柒
畝肆分玖釐玖毫肆忽貳微捌纖壹
沙壹塵肆渺原額應徵併漕贈五銀
及漕編本色料價實共徵銀壹萬柒
百陸拾叁兩柒錢柒分伍釐玖毫陸
絲肆忽叁微陸纖伍沙陸塵捌渺又
另徵優免充餉銀叁百捌兩柒錢捌
分肆釐貳毫伍絲玖忽壹微柒纖肆
沙貳塵陸渺叁漠各年陞丈增併續
墾改則自首陞科及漕贈五銀併認

墾陞科共銀叁百捌拾壹兩伍錢壹分壹釐柒毫捌絲壹忽貳微玖纖壹沙叁塵玖埃玖逡壹巡又民人劉秀臣等認墾陞科總歸充餉銀陸錢玖分貳釐貳毫捌絲陸微玖沙肆塵伍漠陸埃肆逡又清查陞除攤派等事案內乾隆捌年認墾陞科總歸充餉銀伍兩陸錢柒分玖毫叁絲捌忽壹微伍纖肆塵貳渺柒漠肆埃柒逡捌巡伍須通共徵銀壹萬壹千肆百陸拾兩肆錢叁分伍釐貳毫貳絲叁忽伍微玖纖壹沙柒渺柒漠壹埃玖巡伍須

原額人丁柒千伍百捌拾伍丁內除實在優免人丁貳百[illegible]拾

玖丁實在當差併餘不免人丁柒十
叁百貳拾陸丁又全書原編於順治
拾肆年審增人丁叁百貳拾叁丁伍
分又康熙元年審增人丁壹拾陸丁
伍分康熙肆年清查出人〻叁百捌
拾丁康熙拾壹年審增人丁壹百玖
拾柒丁康熙拾伍年審增人丁貳百
貳拾壹丁伍分康熙貳拾年審增人
丁壹拾肆丁捌釐康熙貳拾伍年審
增人丁貳拾陸丁肆分貳釐康熙叁
拾年審增人丁壹拾丁康熙叁拾伍
年審增人丁伍丁康熙肆拾年審增
人丁柒丁康熙肆拾伍年審增人丁
柒丁康熙伍拾年審增人丁捌丁又

雍正玖年審增人丁捌拾伍丁又乾隆元年審增人丁玖拾肆丁又乾隆陸年審增人丁捌拾壹丁

實共人丁捌千捌百貳丁內除雍正玖年審增人丁捌拾伍丁乾隆元年審增人丁玖拾肆丁又乾隆陸年審增人丁捌拾壹丁共人丁貳百陸拾丁欽遵

恩詔永不加賦外實在當差人丁捌千伍百肆拾貳丁原額應徵除優免外實徵丁銀壹千肆百貳拾柒兩伍錢另徵餘不免人丁銀叁拾柒兩柒錢各年審增併清查出人丁銀貳百肆拾叁兩貳錢通共徵銀壹千柒百捌兩肆錢查前項銀兩已於丁隨田辦以廣

皇仁事案內詳奉督撫兩院

題准部覆在於該縣田地項下攤徵在案理合登明

不在丁田軍民草蕩租原額銀壹百伍拾柒兩叁分伍釐肆毫叁絲肆忽文增草蕩租銀陸兩伍錢貳分肆釐玖絲陸忽陸微叁纖柒沙叁塵壹渺捌漠又於

國賦有自然之利等事案內文增軍民草蕩租銀壹拾柒兩玖錢陸分伍釐貳絲貳忽貳微伍纖陸沙柒塵貳渺陸漠又圖墾陸科草蕩租銀壹拾貳兩玖錢玖分捌釐貳毫貳絲陸忽學租銀捌拾兩壹錢捌分壹釐伍毫貳絲捌忽匠班銀叁兩陸錢叁分陸釐共徵銀貳百柒拾捌兩叁錢肆分叁毫陸忽捌微玖纖肆沙肆渺肆漠內有匠班銀叁兩陸錢叁分陸釐已於

覆例詳請等事案内詳奉督撫兩院
題准部覆在於該縣田地項下攤徵在案理合登明
以上地丁雜辦等項通共銀壹萬玖千肆百肆拾柒兩
壹錢柒分伍釐伍毫玖絲肆微捌纖
伍沙壹塵貳渺壹漠壹埃玖逡伍須
查該縣本年秋被水災田地塘蕩肆
拾貳畝壹分陸釐玖毫壹絲該府縣勘
確於造報各屬等事案内詳奉督漕
河撫各部院會疏具
題照例蠲免地丁等銀壹拾捌兩陸錢陸釐伍絲捌忽柒微貳纖陸沙壹塵
伍埃叁逡陸巡伍須實徵銀壹萬玖
千肆百貳拾捌兩伍錢陸分玖釐肆
毫柒絲壹忽柒微伍纖玖沙貳渺伍
埃柒逡叁巡内

隨漕輕賫席木等項正耗賫併匯丈增玖

則共銀貳百玖拾肆兩肆錢壹分叁

釐肆毫捌絲陸忽叁微柒纖肆沙肆

塵伍渺玖漠又奉文並徵漕贈五銀

併匯丈增玖則共銀叁百貳拾壹兩

玖錢陸分陸釐貳毫捌絲陸忽肆微

陸沙肆塵捌渺以上共銀陸百壹拾

陸兩叁錢柒分玖釐柒毫柒絲貳忽

柒微捌纖玖塵叁渺玖漠應分別起

解給軍聽糧道造報總漕部院奏

銷

河工項下輕賫改派車盤溜夫等項併河

工匯丈增改則共銀肆百叁拾柒兩

叁錢捌分叁釐肆毫貳絲玖忽伍

纖玖沙叁塵壹渺內除本年秋被
水災田地應蠲銀伍錢肆分肆釐
伍毫伍絲伍忽肆纖玖沙叁塵叁
渺陸漠捌埃肆逡柒巡實徵銀肆
百叁拾陸兩捌錢叁分捌釐捌毫
柒絲肆忽玖沙玖塵柒渺叁漠壹
埃伍逡叁巡應聽管河衙門造報
總河部院奏銷解貴水脚併匠夫
增改則共銀壹拾貳兩陸錢伍分
伍釐伍毫貳忽捌微伍纖柒沙壹
塵叁渺肆漠內除本年秋被水災
田地應蠲銀壹分伍釐柒毫伍絲伍
忽玖微肆纖貳沙玖塵伍渺伍漠
貳埃壹逡肆巡實徵銀壹拾貳兩

陸錢叁分玖釐柒毫肆絲陸忽玖微
壹纖肆沙壹塵柒渺捌漠柒埃捌逡
陸巡應聽隨正支用
驛站夫馬等銀柒千捌百壹拾玖兩陸錢
叁分陸釐壹絲叁忽叁微柒纖貳沙
玖塵叁渺陸漠内於題明請將驛站
等事案内裁江淮驛支應銀捌拾兩
又遵
旨另行詳議事案内奉裁旱夫銀叁百陸拾兩又欽陳清釐等事案内奉裁馬夫
工食銀伍百叁拾貳兩捌錢又酌定
驛用等事案内奉裁馬匹草料等銀
捌百壹拾柒兩玖錢伍分俱歸入俟
款存留額編兵餉項下充餉外實該
存留支給銀陸千貳拾捌兩捌錢捌

分陸釐壹絲叁忽叁微柒纖貳沙玖塵叁渺陸漠又改編旱夫工食等項復二該銀壹千柒拾玖兩陸分叁釐玖毫捌絲陸忽陸微貳纖柒沙陸渺肆漠共銀柒千壹百柒兩玖錢伍分內除本年秋被水災田地應蠲銀壹拾壹兩玖錢伍分柒釐柒毫貳絲陸忽肆微貳纖陸沙肆塵肆渺捌漠陸埃壹逡陸巡實徵銀柒千玖拾伍兩玖錢玖分貳釐貳毫柒絲叁忽五微柒纖叁沙伍塵伍渺壹漠叁埃捌逡肆巡應聽驛道於驛站奏銷案內查明實支扣存數目造報

題達兵部核銷

各衙門官役俸工併存留支給等項共銀
貳千柒百貳拾柒兩肆錢捌分捌釐
陸毫肆絲柒微貳纖伍沙壹塵柒渺
捌漠又奉文加增民壯器械銀貳拾
兩添設教官俸銀肆拾捌兩肆錢捌
分添給孤貧不敷銀肆兩伍錢貳分
壹釐壹毫玖忽壹微貳纖內除各案
仍裁併地丁解費共銀伍百壹拾伍
兩伍錢捌分貳釐壹毫伍絲壹忽捌
微柒纖伍沙壹塵柒渺捌漠又奉裁驛夫工
食銀貳拾肆兩又裁歸江淮驛俸工
銀肆拾肆兩伍錢貳分俱歸入後款
存留項下充餉實該支給併復給縣
學廩生廩糧加增民壯器械等銀貳

千貳百壹拾陸兩叁錢捌分柒釐伍
毫捌絲柒忽玖微柒纖內除本年秋
被水災田地應編銀貳兩柒錢肆分
玖釐壹毫玖絲捌忽伍微柒纖玖沙
叁塵陸渺壹漠陸埃伍逡肆巡伍須
實徵銀貳千貳百壹拾叁兩陸錢叁
分捌釐叁毫捌絲玖忽叁微玖纖陸
塵叁渺捌漠叁埃肆逡伍巡伍須其
支給完欠各數另於俸工細款冊內
造明隨
奏報部核銷

起運地丁正銀柒拾壹兩玖錢叁分叁釐
叁絲玖忽肆微柒纖玖沙壹塵捌漠
內除本年秋被水災田地應編銀玖

分玖釐貳毫陸絲貳忽肆微捌沙貳
塵柒渺伍漠肆埃伍逡柒巡實徵銀
柒拾壹兩捌錢叁分叁釐柒毫柒絲
柒忽柒纖捌塵叁渺貳漠伍埃肆逡
叁巡應聽靡正支用報銷

實該起運并本色辦料續陞改則自首陞科及民人何祥認
墾陞科共銀伍千叁百叁兩陸錢玖分
玖釐貳毫壹絲陸忽捌微玖纖捌沙
伍渺柒漠內除他處協濟加充正項
即於本處地丁內就近抵給驛站長
夫共銀伍千壹百壹拾叁兩叁錢玖
分柒釐柒毫貳絲陸忽貳微伍沙伍
塵貳渺壹漠併入前項驛站數內彙
銷外實該起運并改則自首陞科及

丈增軍民草場租共銀壹百玖拾兩
叁錢壹釐肆毫玖絲陸微玖纖貳沙
伍塵叁渺陸漠內除本年秋被水災
田地應蠲銀陸錢叁分貳釐叁毫玖
絲壹忽玖微陸纖叁沙肆塵肆渺壹
漠叁埃玖逡米巡實徵銀壹百捌
拾玖兩陸錢陸分玖釐玖絲捌忽
米微貳纖玖沙玖渺肆漠陸埃叁逡
巡

存留額編兵餉銀壹百伍拾捌兩叁釐陸毫伍絲捌纖叁塵
壹渺伍漠原舊裁扣優免經費吏書
除復給稟生稟糧併加增民壯器械
添給教官俸銀及添給孤貧不敷外
實該銀壹千壹拾捌兩玖錢陸分貳

釐叁毫貳絲肆忽貳微柒纖貳沙柒

觀費銀壹拾叁兩肆錢肆分肆釐肆毫叁絲肆忽本色絹疋水脚奉裁充餉

塵肆漠又奉裁府縣

銀壹兩叁錢陸分玖釐捌毫玖絲貳

微柒纖又裁併龍江驛驛丞俸銀叁

拾壹兩伍錢貳分併清出丁銀貳百

肆拾叁兩貳錢各年陞丈增併續墾

改則陞科銀壹百捌拾肆兩伍錢叁

分陸釐陸毫柒絲伍忽玖纖伍沙肆

塵肆渺貳漠玖埃玖逡壹巡又民人

劉秀臣等認墾陞科總歸充餉銀陸

錢玖分貳釐貳毫捌絲陸微玖沙肆

塵伍漠陸埃肆逡又清查陞除淤漲

等事案內陞科充餉銀伍兩陸錢柒

分玖毫叁絲捌忽壹微伍纖肆塵貳
渺柒漠肆埃柒逡捌巡伍須共銀壹
千陸百伍拾柒兩肆錢壹毫玖絲貳
忽肆微柒纖捌沙貳塵玖渺伍漠壹
埃玖巡伍須內除額編兵餉就近抵
給驛站銀壹百伍拾捌兩叁釐陸毫
伍絲捌纖叁塵壹渺伍漠并入前項
驛站數內彙銷外實該銀壹千肆百
玖拾玖兩叁錢玖分陸釐伍毫肆絲
貳忽叁微玖纖柒沙玖塵捌渺壹埃
玖巡伍須又奉裁驛站項下銀捌拾
兩又俸工項下各案裁扣併地丁解
費共銀伍百壹拾伍兩伍錢捌分貳
釐壹毫伍絲壹忽捌微柒纖伍沙壹

塵柒渺捌漠又奉裁本縣驛站旱夫
銀壹百陸拾兩又奉裁遞夫工食銀
貳拾肆兩又傘工項下奉裁江淮驛
驛丞俸工銀肆拾叁兩伍錢貳分又
驛站項下奉裁江淮東葛貳驛馬夫
工食銀伍百壹拾貳兩捌錢又奉裁
馬匹草料等銀捌百壹拾柒兩玖錢
伍分以上各案裁加併地丁解費等
款共銀貳千叁百柒拾叁兩捌錢伍
分貳釐壹毫伍絲壹忽捌微柒纖伍
沙壹塵柒渺捌漠內除改編旱夫工
食銀壹千柒拾玖兩陸分叁釐玖毫
捌絲陸忽陸微貳纖柒沙陸渺肆漠
歸入驛站項下造報外實該銀壹千

貳百玖拾肆兩柒錢捌分捌釐壹毫陸絲伍忽貳微肆纖捌沙壹塵壹渺肆漠通共銀貳千柒百玖拾肆兩壹錢捌分肆釐柒毫柒忽陸微肆纖陸沙玖渺肆漠壹埃玖逡伍須內除本年秋被水災田地應蠲銀貳兩陸錢柒釐壹毫陸絲捌忽叁微伍纖陸沙貳塵捌渺壹漠叁埃伍逡壹逡實徵銀貳千柒百玖拾壹兩伍錢柒分柒釐伍毫叁絲玖忽貳微捌纖玖沙捌塵壹渺貳漠柒埃伍逡捌逡伍須

起存貳項共銀貳千玖百捌拾肆兩肆錢捌分陸釐壹毫玖絲捌忽叁微叁纖捌沙陸塵叁渺壹

埃玖逡伍須內除本年秋被水災田
地應解銀叁兩貳錢叁分玖釐伍毫
陸絲叁微壹纖玖沙柒塵貳渺貳漠
柒埃肆逡捌巡實徵銀貳千玖百捌
拾壹兩貳錢肆分陸釐陸毫叁絲捌
忽壹纖捌沙玖塵柒漠叁埃陸逡壹
巡伍須內除穎發漕項銀壹百玖兩
貳錢應聽糧道造報總漕部院奏銷
外

實該解司地丁銀貳千捌百柒拾貳兩肆分陸釐陸毫叁絲
捌忽壹纖捌沙玖塵柒漠叁埃陸逡
壹巡伍須內

一發乾隆拾年淮徐等屬被災賑濟銀壹千叁百壹拾柒兩
柒錢壹釐肆毫捌絲貳忽肆微肆纖

江寧府乾隆十年分田地人丁清册

玖沙柒渺陸漠柒埃肆巡

前件全完係本司後回任內經收

一撥補災蠲河工銀伍錢肆分肆釐伍毫伍絲伍忽肆纖玖

沙叁塵叁渺陸漠捌埃肆逡柒巡

前件全完

一徑撥

關帝祭品銀陸拾兩

前件全完

一徑撥節婦建坊銀陸拾兩

前件全完

撥剩銀壹千肆百叁拾叁兩捌釐陸毫伍微貳纖肆塵玖渺

叁漠捌埃壹逡伍須內

應解部停辦白蠟黃絲絹價併餘剩等銀貳兩玖錢玖分

伍釐玖毫肆忽柒微叁纖

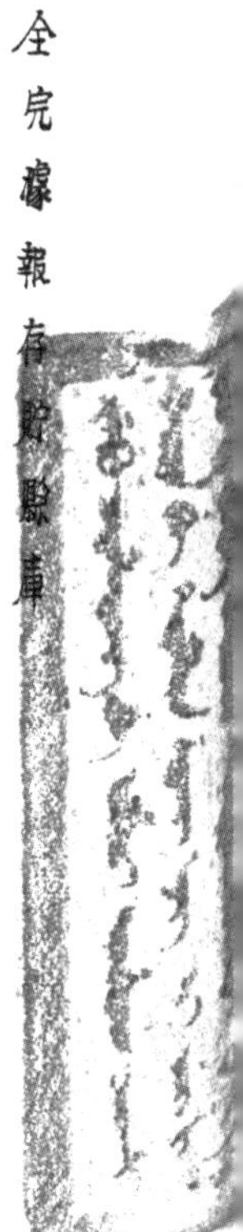

前件全完據報存貯縣庫

地丁銀壹千肆百叁拾兩捌錢肆釐陸毫玖絲伍忽柒微

玖纖肆塵玖渺叁漠捌埃壹逡伍須

前件已完銀壹千叁百兩係本司後回任內經

收

存貯縣庫銀壹百壹拾玖兩玖錢捌分柒

釐壹毫伍絲貳忽肆微叁塵貳渺玖

漠叁埃叁逡肆巡捌須

未完銀壹拾兩捌錢壹分柒釐伍毫肆絲

叁忽叁微玖纖壹塵陸渺肆漠肆埃

柒逡伍巡柒須

歸併省衛

原額黄快寬三則闔丁捌千肆百柒拾丁半內除顧田納糧不

納丁銀屯丁叁千伍百陸拾捌丁又

江寧府乾隆十年分田地人丁清冊

除酌議可裁之冗員等事案內奉豁

三則逃亡閑丁肆百陸拾壹丁又於

欽奉

上諭事案內奉

旨豁免故絕逃竄併見當民丁今又包賠軍丁共伍百壹拾捌丁壹分

實在各丁叁千玖百貳拾叁丁肆分原額各科不等共徵銀

壹千陸百貳拾兩玖分貳釐伍毫內

除奉豁三則逃亡丁銀壹百壹拾伍

兩貳錢又除欽奉

上諭事案內豁免故絕逃竄併見當民丁今又包賠軍丁銀壹百柒拾兩叁錢柒

分陸釐又雍正玖年新增人丁肆拾

柒丁乾隆元年新增人丁肆拾肆丁

伍分乾隆陸年新增人丁壹百捌拾

伍丁欽遵

恩詔未不加賦外實徵丁銀壹千叁百叁拾肆兩伍錢壹分陸釐伍毫已於丁隨

田辦以廣

皇仁事案内詳奉督撫二院

題准部覆在於該縣併衛田地項下攤徵在案理合登明

原額比科增餘又荒坍江沙蘆草蕩苜蓿田地壹千玖百伍拾叁頃陸拾捌畝肆釐陸毫捌絲捌忽肆微貳纖伍沙貳漠伍埃内除奉蠲積荒無徵田壹百捌拾玖頃柒拾伍畝壹分叁毫陸絲玖忽伍微柒纖壹沙玖塵玖渺玖漠貳埃又各年報墾陞科併籌餉期於有濟

國賦有自然之利等事案内清查出併開墾陞科草蕩田地貳百伍拾貳頃柒拾玖畝伍分叁釐柒毫柒絲捌忽捌微肆纖伍塵又民人金國林於康

熙陸拾年認墾應於陸年後報陞該雍正伍年起科田地壹拾壹畝壹分肆釐玖毫玖絲又民人林之枚李秀錫等陞科荒田山壹頃伍拾捌畝伍分陸釐伍絲又雍正拾年民人李上孚等陞科田地壹頃柒畝玖分壹釐肆毫壹絲又雍正陸年民人蔡浩認墾應於拾貳年陞科荒田肆拾貳畝柒分陸釐叁毫壹絲又屯户鄭亮公等於乾隆叁年順墾應歸乾隆肆年陞科地伍拾柒畝叁分玖釐叁絲貳忽田貳頃貳拾貳畝玖分五釐叁毫柒絲伍忽又業户孫起如於乾隆肆年認墾自願萬年起科之荒民田壹

拾畝捌分玖釐貳毫伍絲

實在併新陞田地貳千貳拾貳頃捌拾肆畝壹分柒毫壹絲肆忽陸微捌纖捌沙伍塵伍渺叁漠叁埃原額各科不等共應徵銀壹千柒百捌兩玖錢叁分伍釐肆毫叁絲伍忽貳微柒纖壹沙陸塵陸漠叁埃捌渺貳茫內除積荒豁免銀壹百貳拾貳兩伍分玖釐捌毫伍絲柒忽肆微伍纖柒渺肆漠捌埃捌渺玖茫實徵銀壹千伍百捌拾陸兩捌錢柒分伍釐伍毫柒絲柒忽捌微貳纖壹沙伍塵叁渺壹漠肆埃玖渺叁茫又各年丈墾陞科銀肆百捌拾捌兩肆錢壹分陸釐叁毫叁絲陸忽玖微捌纖

肆沙玖塵玖渺叁漠陸埃又民人金國林於康熙陸拾年認墾應於陸年後報陞該雍正伍年起科銀叁錢壹分壹釐叁絲捌忽又民人林之枝李廷勗等於雍正捌年報陞應於雍正玖年入額起科銀貳兩捌錢陸分壹釐叁毫玖絲柒忽玖微又民人李上孚等陞科應於雍正拾年入額起科銀貳兩肆分壹釐柒毫伍絲柒忽又民人蔡浩陞科應於雍正拾貳年入額起科銀捌錢伍分伍釐貳毫陸絲肆忽又屯户鄭亮公等於乾隆叁年領墾應歸乾隆肆年陞科銀貳兩貳錢陸分貳釐伍毫柒絲伍忽壹微伍

織又業户孫起如於乾隆肆年認墾
自願當年陞科銀貳錢壹分柒釐捌
毫伍絲又乾隆拾年業户孫之連額
内轉科陞增銀叁釐玖毫柒絲叁忽
肆微肆纖陸沙貳塵貳渺貳漠貳埃
伍逡捌須實徵併新陞共銀貳千捌
拾叁兩捌錢肆分伍釐柒毫陸絲捌
忽叁微貳沙柒塵肆渺柒漠叁埃肆
溟叁茫捌逡
又不在地丁房租銀壹百壹拾叁兩陸釐玖分柒釐玖毫
蘆麥租銀壹拾捌兩壹錢柒分貳釐
伍毫捌絲柒忽火藥銀捌兩玖錢貳
分肆釐叁毫陸絲肆忽貳微捌纖共
銀壹百肆拾兩柒錢玖分肆釐捌毫

伍絲壹忽貳微捌纖

以上地丁雜辦等項除原額豁免外原共實徵併新陞

共銀叁千柒百貳拾玖兩伍錢壹分

叁釐壹毫壹絲玖忽伍微捌纖貳沙

柒塵肆渺柒漠叁埃肆溟叁莊捌逡

內除欽奉

上諭事案內奉

旨豁免故絕逃竄子丁又包賠軍丁銀壹百柒拾兩叁錢柒分陸釐內除豁缺

江安糧道協濟漕項支用銀肆拾捌兩伍

錢肆分陸釐

驛傳道貢舫支用銀壹百貳拾壹兩捌錢

叁分外實徵銀叁千伍百伍拾玖兩

壹錢伍分柒釐壹毫壹絲玖忽伍微

捌纖貳沙柒塵肆渺柒漠叁埃肆溟

叁茫捌逡查該縣本年秋禾被災田
地柒頃肆拾貳畝柒分陸釐貳毫據
該府縣勘確於謹報各屬等事案內
詳奉督漕河撫各部院會疏具
題應照例計算被災田地共蠲銀貳拾壹兩柒錢柒分肆釐玖毫伍絲壹忽
捌微伍纖肆沙壹塵叁渺伍漠貳埃
捌逡捌巡捌須叁臾實該銀叁千伍
百叁拾柒兩叁錢捌分貳釐壹毫陸
絲柒忽柒微貳纖捌沙陸塵壹渺貳
漠伍溟肆茫玖逡柒巡內漕項銀壹
千玖百玖拾壹兩捌錢貳分肆釐壹
毫伍絲貳忽玖微貳纖玖沙貳渺壹
漠玖埃玖溟叁茫應聽糧道造報奏
銷外

實該銀壹千伍百肆拾伍兩伍錢伍分捌釐壹絲肆忽柒微玖纖玖沙伍塵玖渺陸漠壹埃玖逡柒巡

一 發解驛道貢舫銀壹千陸拾陸兩壹錢柒分內除本年被災應蠲銀壹拾肆兩捌錢壹分貳釐貳毫玖絲陸忽叁微柒纖叁沙陸塵捌渺伍漠玖埃柒逡陸巡陸須叁臾實徵銀壹千伍拾壹兩叁錢伍分柒釐柒毫叁忽陸微貳纖陸沙叁塵壹渺肆漠貳逡叁巡叁須柒臾查此貢舫銀兩原係銀米錢三徵收濟於丁隨田辦等事案內奉部覆令隨田一體徵銀是以改徵全銀理合登明

前件已完銀壹千肆拾伍兩柒錢陸分伍釐陸

毫零絲貳忽伍微捌纖玖沙捌塵玖
渺玖埃伍逡壹巡壹須肆臾伍清玖
溟捌茫係經解江南驛傳走黄快船
工修之用於查
旨會議等事案内造冊報銷
未完銀伍兩伍錢玖分貳釐柒絲壹忽參
纖陸沙肆塵貳渺參漠柒逡貳巡貳
須貳臾肆清玖淨貳茫
一解司銀伍百壹兩壹錢陸分貳釐玖毫陸絲陸忽陸微伍
纖參沙柒塵貳渺伍漠參埃伍溟捌
逡内除本年被災應蠲銀陸兩玖錢
陸分貳釐陸毫伍絲伍忽肆微捌纖
肆塵肆渺玖漠參埃壹逡貳巡貳須
實徵銀肆百玖拾肆兩貳錢參毫壹

餘壹忽壹微柒纖叁沙貳塵柒渺陸
漠叁溟捌茫陸逡
前件已完銀叁百陸兩壹錢壹分壹釐叁毫壹
絲壹忽陸微柒纖貳沙叁塵玖渺壹
漠伍逡伍巡捌須伍臾肆清玖淨貳
茫係本司彼回任内經收
存貯縣庫見在提解銀肆拾壹兩叁錢叁
分叁釐貳毫貳絲柒忽玖微陸纖伍
沙陸塵肆渺柒漠叁埃肆巡壹須肆
臾伍清玖溟捌茫
未完銀壹百肆拾陸兩柒錢伍分伍釐柒
毫柒絲壹忽伍微叁纖伍沙貳塵叁
渺柒漠陸埃柒溟捌茫陸逡
以上民屯丁田除額撥漕項外實該銀肆千肆百肆拾

貳兩陸錢壹分玖釐壹毫陸絲肆忽
玖微玖纖貳沙叁塵伍渺伍漠肆埃
陸逡叁須

經徵見任知縣劉景福自乾隆拾年正月初壹日起至年底應
徵前數

已完併徑解拾共銀肆千玖拾兩壹錢貳
分貳釐玖毫捌絲壹忽柒微陸纖陸
塵玖渺伍漠伍埃伍逡捌巡

存貯縣庫銀壹百陸拾肆兩叁錢壹分陸
釐貳毫捌絲伍忽玖纖伍沙玖塵柒
渺陸漠陸埃叁逡捌巡玖須肆臾伍
清玖瞬捌淨

本年被災蠲免銀貳拾伍兩壹分肆釐伍
毫壹絲貳忽壹微柒纖叁沙捌塵伍

江寧府乾隆十年分田地人丁清册

渺捌漠叁逡陸巡捌須叁臾
民賦坍荒田地停徵銀壹拾兩捌錢壹分
柒釐伍毫肆絲叁忽叁微玖纖壹塵
陸渺肆漠肆埃柒逡伍巡柒須又省
衛坍荒田地停徵銀壹百肆拾貳兩
捌錢捌釐柒毫陸絲玖忽伍微陸纖
玖沙肆塵陸渺肆漠柒埃肆逡已於
請查豁除等事案內詳
題請豁應聽彼案歸結
省衛本年災緩銀玖兩伍錢叁分玖釐柒
絲叁忽貳沙壹塵玖渺陸漠壹逡捌
須貳臾肆清玖淨貳扗
全完
計已完玖分伍釐柒毫柒絲

坍荒叁釐肆毫伍絲

災蠲伍毫陸絲

災緩貳毫貳絲

江寧府乾隆十年分田地人丁清册

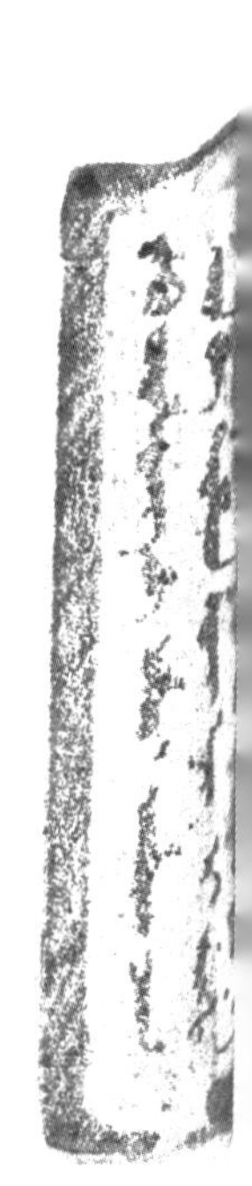

六合縣

乾隆拾年分

原額續增田壹千捌頃叁拾柒畝柒分陸釐叁毫叁絲伍忽又爲清查各省之地等事案内丈增田貳拾捌頃壹拾畝柒釐捌毫叁絲伍忽又康熙叁拾叁年自首陞科田玖畝壹分又康熙叁拾柒年起科河灘地壹畝肆分叁釐叁毫又康熙肆拾年民人李聘之等認墾陞科田肆拾陸畝柒分肆釐柒毫伍絲

實在田地壹千叁拾柒頃伍畝壹分貳釐貳毫貳絲原額應徵併徵漕贈五銀及增編本色料價實共徵銀捌千叁百壹拾肆兩伍錢伍毫肆忽肆微叁纖陸沙玖塵陸渺

米漠另徵優免充餉銀柒百叁拾貳兩叁錢伍分柒釐叁毫壹絲柒忽肆微玖纖壹沙貳塵柒渺柒漠文增併匠科漕贈五銀貳百伍拾兩捌錢陸分貳釐伍毫玖絲柒忽壹微貳纖玖沙貳塵陸渺柒漠又康熙肆拾年民人李聘之等匠增銀壹兩肆錢陸分肆釐柒毫玖絲肆忽柒纖肆塵柒渺陸漠共徵銀玖千貳百玖拾玖兩壹錢捌分伍釐貳毫壹絲叁忽壹微貳纖柒沙玖塵捌渺柒漠

原額人丁壹萬貳千捌百伍拾叁丁內除優免人丁壹百玖拾伍丁實在當差併餘不免人丁壹萬貳千陸百伍拾捌丁又全書原編於

順治拾肆年審增人丁肆百叁拾玖丁伍分康熙元年審增人丁捌拾捌丁伍分康熙肆年清查出人丁壹百玖拾丁康熙拾壹年審增人丁壹百叁丁康熙拾伍年審增人丁貳百貳拾陸丁康熙貳拾年審增人丁伍拾柒丁伍分康熙貳拾伍年審增人丁伍丁康熙叁拾年審增人丁壹拾叁丁康熙叁拾伍年審增人丁壹拾壹丁康熙肆拾年審增人丁壹拾叁丁康熙肆拾伍年審增人丁陸拾肆丁康熙伍拾年審增人丁壹拾玖丁雍正玖年審增人丁伍拾柒丁乾隆元審增人丁玖丁伍分

江寧府乾隆十年分田地人丁清册

實共人丁壹萬叁千玖百伍拾肆丁內除雍正玖年併乾隆元年審增人丁陸拾陸丁伍分欽遵
恩詔永不加賦外實在當差人丁壹萬叁千捌百捌拾柒丁伍分原額應徵丁銀貳千肆百柒拾兩陸錢另徵餘不免人丁銀陸拾壹兩各年審增併清查出人丁銀貳百肆拾伍兩玖錢通共徵銀貳千柒百柒拾柒兩伍錢查前項銀兩於丁隨田辦以廣
皇仁事案內詳奉督撫貳院
題准部覆在於該縣田地項下攤徵在案理合登明

不在丁田軍民草場租原額銀伍百捌拾兩壹錢陸分捌釐肆毫玖絲壹忽又增軍民草場租銀柒兩壹錢伍分捌毫捌絲肆忽玖微捌纖又於

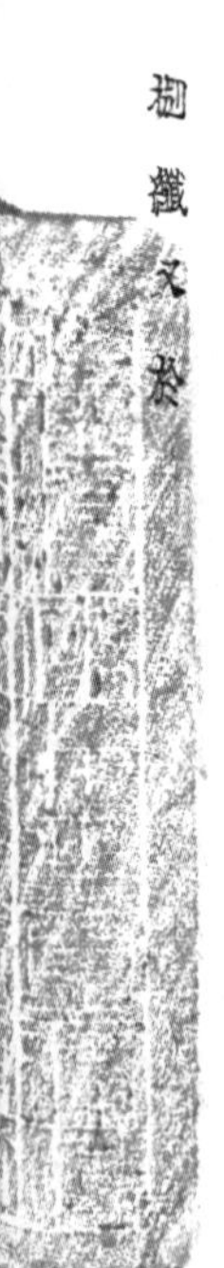

國賦有自然之利等事案内文增軍民草場租銀陸兩玖錢壹分陸釐肆毫
肆絲肆忽伍微壹纖陸沙渺塵又民
人李聘之等認墾草場田㘴應於康
熙肆拾年陞科銀壹兩叁錢貳分柒
毫陸絲又康熙肆拾伍年口人張慈
認墾場地自願當年陞科銀貳錢陸
分玖釐壹毫柒絲學租銀肆拾肆兩
捌錢貳分玖釐匠班銀玖錢玖釐商
稅併昌平州銀捌拾柒兩肆錢玖分
玖釐陸毫漁課出辦麻膠原額併增
編價值共該銀陸兩貳錢肆釐捌毫
陸絲柒忽陸微柒纖伍沙莞鈔銀叁
拾貳兩柒錢陸分陸釐陸毫餘鈔銀
叁拾叁兩陸錢伍分貳釐肆毫商稅

協濟銀貳百壹拾叁兩肆錢玖分貳
釐陸毫共該銀壹千壹拾伍兩壹錢
柒分玖釐捌毫壹絲捌忽壹微柒纖
壹沙捌塵內有匠班銀玖錢玖釐業
於援例詳請等事案內詳奉督撫貳
院
題准部覆在於該縣田地項下攤徵在案理合登明
以上地丁雜辦等項共銀壹萬叁千玖拾壹兩捌錢陸
分伍釐叁絲壹忽貳微玖纖玖沙柒
塵捌渺柒漠內
隨漕輕齎席木等項正扛費併文增共銀
捌拾捌兩柒分肆釐陸毫貳絲壹忽
陸微壹纖壹漠又奉文並徵漕贈五
銀捌拾捌兩伍錢叁分玖釐貳絲叁

忽叁纖柒沙捌塵伍渺伍漠以上共
銀壹百柒拾陸兩陸錢壹分叁釐陸
毫肆絲肆忽陸微肆纖柒沙捌塵伍
渺陸漠應分别起解給軍支銷聽糧
道造報總漕部院奏銷

河工項下經費改派車盤溜夫等項併河
工丈增共銀壹百肆拾肆兩捌錢陸
分陸釐柒毫肆絲伍微陸纖玖沙叁
塵柒渺玖漠應聽管河衙門造報總
河部院奏銷又解費丈增共銀肆兩
貳錢壹分玖釐伍毫壹絲柒忽捌微
玖纖捌沙肆塵伍渺肆漠應隨正支
銷

驛站夫馬併裁汰衙驛等銀柒千肆百玖

拾伍兩叁錢叁分伍釐內除敬陳減
差等事案內裁銀叁千玖百壹拾肆
兩伍錢叁分伍釐又驛遞之差使等
事案內裁復二銀壹千叁百玖拾貳
兩陸錢又酌定驛朋等事案內裁銀
貳百叁拾玖兩又詳籌酌盈等事案
內裁減雲亭驛馬匹草料工食等銀
貳百肆兩捌錢陸分陸釐陸毫歸入
役款存留額編兵餉項下充餉外實
該存留支給銀壹千柒百陸拾肆兩
叁錢叁分叁釐肆毫應裁驛道於驛
站奏銷案內查明實支和符數目造
報

題達兵部核銷又祇應庫丰等銀陸百柒拾肆兩伍錢叁分伍釐全裁歸入

後款存留共餉項下充餉外理合登

明

額外蘆鈔銀叁拾貳兩柒錢陸分陸釐陸毫係雜辦另徵錢糧於省城公費租稅錢糧冊內彙冊報銷

各衙門官役俸工併存留支給等項共銀壹千玖百伍拾捌兩捌錢陸分肆毫陸絲捌忽柒微伍纖壹沙玖塵肆渺柒漠又添給教官俸銀肆拾捌兩肆錢捌分又增給孤貧不敷柴布銀玖兩叁錢捌分玖釐陸毫貳絲肆忽叁微貳纖以上共銀貳千壹拾陸兩柒錢叁分玖絲叁忽柒微壹沙玖塵肆渺柒漠內除各條仍裁併地丁解費

燈夫民壯工食案邑驛丞俸工共銀
肆百捌拾伍兩伍錢貳分伍釐貳毫
伍絲玖忽玖微壹纖玖沙肆塵肆渺
柒漠俱歸入徵款存留項下充餉外
實該支給併復給縣學廩糧等銀壹
千伍百叁拾壹兩貳錢肆釐捌毫叁
絲叁忽壹微伍纖貳沙伍塵其支給
完欠數目另於俸工細款冊內造明
題
奏報部核銷
起運地丁折銀陸拾玖兩叁錢陸分壹釐
貳毫貳絲肆忽叁微壹纖[illegible]沙玖塵
柒渺叁漠應聽題正支用報銷
實該起運併本色辦料及文[illegible]草場匠料等銀肆千壹百壹

拾柒兩壹錢柒分壹釐肆毫陸微陸纖壹沙肆塵肆渺陸漠內除他處協濟加充正項即於本處地丁內就便抵給驛站遞夫共銀肆千貳拾玖兩貳錢壹分肆釐貳毫捌絲肆忽肆微陸纖伍沙肆塵肆渺柒漠併入前項驛站款內彙銷外實該起運銀捌拾柒兩玖錢伍分柒釐壹毫壹絲陸忽壹微玖纖伍沙玖塵捌渺玖漠

存留額編兵餉銀伍百玖拾玖兩壹錢貳分壹毫肆絲玖忽肆微肆纖肆沙柒塵柒渺壹漠原舊裁加優免經費吏書等項除復給本縣儒學廩生廩糧併添給教官俸銀外實該銀壹千伍百伍拾陸兩貳

錢柒分叁釐貳毫肆絲叁忽肆微玖
纖壹沙貳塵柒渺柒漠又奉裁府
縣
覲費銀伍兩捌錢捌分捌釐陸毫叁絲肆忽本色滴足水脚奉裁充餉銀壹
兩貳錢捌分陸釐捌毫玖絲伍忽肆
微肆纖餘鈔充餉銀叁拾叁兩陸錢
伍分貳釐肆毫各年曆增併清查出
人丁銀貳百肆拾伍兩玖錢各年匯
丈增銀壹百柒拾壹兩貳錢貳分捌
毫壹絲肆忽玖纖陸塵玖渺肆漠共
銀貳千陸百壹拾叁兩叁錢肆分貳
釐壹毫叁絲陸忽肆微伍纖陸沙柒
塵肆渺貳漠內除額編兵餉就近撥
抵驛站銀貳百壹拾肆兩肆錢柒分

貳釐肆毫壹絲柒忽伍微叁纖肆沙
伍塵伍渺叁漠併入驛站數內梟鋪
又擔拾孤貧不敷柴布銀玖兩叁錢
捌分玖釐陸毫貳絲肆忽叁微貳纖
俱歸入俸工項下外實該銀貳千叁
百捌拾玖兩肆錢捌分玖絲肆忽陸
微貳沙壹塵捌渺玖漠又驛站項下
奉裁銀陸千貳百貳拾兩陸錢柒分
又俸工項下各案裁扣併燈夫工食
驛丞俸工等銀肆百捌拾伍兩伍錢
貳分伍釐貳毫伍絲玖忽玖微壹纖
玖沙肆塵肆渺柒漠又詳籌酌盈等
事案內裁減帑發雲亭驛馬匹草料
工食等銀貳百肆兩捌錢陸分陸釐

陸毫以上通共銀玖千叁百兩伍錢
肆分壹釐玖毫伍絲肆忽伍微貳纖
壹沙陸塵叁渺陸漠

起存貳項共銀玖千叁百捌拾捌兩肆錢玖分玖釐柒絲
柒微壹纖柒沙陸塵貳渺伍漠內除
額撥漕項銀壹百壹拾伍兩貳錢應
聽糧道造報奏銷外

實該解司地丁銀玖千貳百柒拾叁兩貳錢玖分玖釐柒絲
柒微壹纖柒沙陸塵貳渺伍漠內

一撥漕標各營乾隆拾年俸餉米折銀貳千肆百兩
前件全完係本司後回任內經收

一撥乾隆拾年淮徐等屬被災賑濟銀陸千伍百兩
前件全完係本司後回任內經收

一坐撥

關帝祭品銀陸拾兩

前件全完

撥剩銀叁百壹拾叁兩貳錢玖分玖釐柒絲柒微壹纖柒沙

陸塵貳渺伍漠内

應解部停辦白蠟減價等銀捌兩捌錢肆分壹釐叁毫肆

絲貳忽陸纖

前件未完

地丁銀叁百肆兩肆錢伍分柒釐柒毫貳絲捌忽陸微伍

纖柒沙陸塵貳渺伍漠

前件已完銀叁拾叁兩陸錢伍分貳釐肆毫係

本司後回任内經收

存府縣庫見在提解銀貳拾肆兩捌分壹

釐伍毫

未完銀貳百肆拾陸兩柒錢貳分叁釐捌

毫貳絲捌忽陸微伍纖柒沙陸塵貳
渺伍漠

歸併省衛

原額黄快窮三則閑丁叁萬伍千貳百伍拾肆丁半内除額田
納糧不納丁銀屯丁壹萬陸千捌百
壹拾貳丁又爲酌議可裁之冗員等
事案内豁免三則逃亡人丁伍百貳
拾柒丁又於欽奉
上諭事案内奉
旨豁免故絶逃窮人丁伍千陸拾捌丁半

實在納銀人丁壹萬貳千捌百肆拾柒丁原額各則不等共
應徵銀陸千貳百玖拾捌兩叁錢玖
分内除奉蠲三則逃亡人丁銀壹百
貳拾伍兩柒錢伍分又除欽奉

上諭事案内豁免故絶逃亡丁銀壹千柒百叁拾捌兩叁錢玖釐捌毫陸絲玖忽伍微陸纖伍沙貳塵壹渺柒漠叁埃玖漠貳柒實徵銀肆千肆百叁拾肆兩叁錢叁分壹毫叁絲肆微叁纖肆沙柒塵捌渺貳漠陸埃捌芥查前項銀兩已於丁隨田辦以廣

皇仁事案内詳奉督撫貳院

題准部覆在於該縣併衛田地項下攤徵理合登明

原額比科增餘草場久荒田地共柒千陸百玖拾壹頃陸拾貳畝叁分柒釐捌絲叁忽捌纖叁沙玖塵壹渺陸漠貳埃貳漠玖芥又康熙伍年額外夫增草場田塘租地壹拾柒頃肆拾陸畝柒分壹釐壹毫壹絲壹忽壹微貳纖内除奉蠲積荒丹江

田玖百貳拾玖頃玖拾肆畝叁分玖
釐肆毫捌絲肆忽玖微玖纖捌沙壹
塵壹渺捌漠壹埃貳溟又於酌議可
栽之冗員等事案內奉歸地荒田壹
百貳拾叁頃伍拾陸畝玖分壹釐玖
毫陸絲柒忽玖微叁沙肆塵貳渺柒
漠陸埃肆溟又各年陞科及
國賦有自然之利等事案內丈增草塲并新陞共田玖百貳拾捌頃玖拾玖
畝柒釐陸毫壹絲捌微陸纖伍沙玖
塵又軍人屬并三於雍正元年認墾
自願當年報陞灘地壹頃貳拾柒畝
伍分捌釐又吏員竺策等於雍正伍
年認墾自願當年報科熟糧寬餘田
并河灘荒餘等田共肆拾柒畝陸分

貳釐又軍民周誦義等於雍正貳年認墾應於雍正捌年起科荒餘田陸拾柒畝伍分肆釐陸毫柒絲又官生林應斌於雍正捌年報墾應於雍正玖年入額起科荒田叁拾陸畝陸分玖釐玖毫玖絲玖忽玖微又軍民張子盛林麟等於雍正貳年報墾應於雍正拾貳年入額起科荒餘田共壹項叁拾肆畝肆分壹釐貳毫又軍人厲公良等於雍正叁年認墾應於雍正拾叁年起科橫海廟荒科田壹拾陸畝貳分又軍人柳秀山等於乾隆元年報陞河灘自願當年起科地陸拾貳畝陸分玖毫叁絲伍忽又欽奉

江寧府乾隆十年分田地人丁清册

上諭事案内乾隆叁年清釐互寄田糧江寧縣劃來田貳拾柒畝伍分共田地柒千伍百捌拾玖項柒拾叁畝壹釐壹毫伍絲柒忽陸纖捌沙貳塵柒渺肆埃陸漠玖茫内除劃歸江寧縣田壹項叁拾叁畝玖分伍釐柒毫捌絲玖忽陸微柒纖又軍入林明太等於雍正拾叁等年報墾應歸乾隆肆年陞科田地玖項伍拾畝玖分肆釐壹毫伍忽又軍入葉秉恒於乾隆捌年報陞應於乾隆拾年陞科流[illegible]沙灘地壹拾畝

實在所新陞田地柒千伍百玖拾柒項玖拾玖畝陸分玖釐肆毫柒絲貳忽叁微玖纖捌沙貳塵柒渺肆埃陸漠玖茫原額各科不等

共應徵銀柒千叁百貳拾伍兩陸分
玖釐柒毫陸絲肆忽陸微伍纖陸沙
伍塵伍渺貳漠貳漠捌茫之除奉蠲
積荒丹江無徵銀陸百貳拾捌兩伍
分陸釐叁毫貳絲玖忽貳微肆纖伍
沙陸塵柒漠叁埃叁漠捌茫實徵銀
陸千陸百玖拾柒兩壹分叁釐肆毫
叁絲伍忽肆微壹纖玖塵肆渺肆漠
陸埃玖漠又各年大墾陞科銀貳千
肆百柒拾肆兩捌錢壹分肆釐伍毫
陸絲叁忽肆微捌纖玖沙玖塵叁渺
陸漠捌埃內除奉蠲積荒額銀柒拾
壹兩壹錢伍釐伍毫玖絲陸忽玖微
捌纖叁塵叁漠壹埃壹漠柒茫又照

新訂全書攤減編銀貳錢玖柒又軍
入傳拼三於雍正叁年認墾自願當
年起科銀壹兩陸錢柒分玖釐壹毫
捌絲又吏員竺策等於雍正伍年認
墾自願當年報陞銀叁錢叁分叁釐
伍毫柒絲壹忽壹微伍纖貳沙又軍
人高邁憲等於雍正貳年認墾舊於
雍正捌年起科充餉銀壹錢壹分捌
釐壹毫柒絲玖忽柒微陸沙叁塵貳
渺又官生林壽武於雍正陸年報墾
應於雍正玖年入額起科充餉銀壹
兩壹釐玖毫貳絲柒忽玖微陸纖玖
渺叁塵陸渺又軍人秦子貞林聯等
雍正庚年報墾應於雍正拾貳年入

額起科充餉銀壹兩玖錢叁分伍釐
叁毫陸絲柒忽肆微柒纖伍沙貳塵
又單人屬公息等於雍正叁年認墾
應於雍正拾叁年入額起科銀壹錢
玖釐叁毫肆絲叁忽伍微柒纖又單
人柳香山等報墾河灘應編乾隆貳
年入額充餉銀壹兩叁錢壹分肆釐
柒毫玖絲陸忽叁微伍纖又乾隆叁
年江寧縣寄莊田地盡歸本縣會徵
銀米數貳分貳釐柒毫玖絲伍忽玖
微貳纖共該銀玖千壹百捌兩玖
錢叁分柒釐伍毫陸絲叁忽捌微壹
纖叁沙肆塵伍渺捌漠叁埃肆漠肆
洋內除寄莊米內劃歸江寧縣辦糧

減徵銀壹兩陸錢伍分貳釐柒毫貳絲肆忽肆微壹渺肆漠壹埃陸漠貳茫陸逡壹須伍臾玖瞬實徵銀玖千壹百柒兩貳錢捌分肆釐捌毫叁絲玖忽肆微壹纖叁沙肆塵肆渺肆漠壹埃捌漠壹茫叁逡玖巡捌須肆臾壹瞬又業戶林明泰等於雍正拾叁等年報墾應歸乾隆肆年陞科銀貳拾貳兩捌錢陸分肆釐捌毫柒忽柒微玖纖陸沙貳塵壹渺伍漠捌埃肆逡陸巡又軍人葉秉恒於乾隆捌年報陞應於乾隆拾年起科銀伍錢玖分肆釐柒毫叁絲玖忽陸微共實徵銀玖千壹百叁拾兩柒錢肆分肆釐

叁毫捌絲陸忽捌微玖纖玖沙陸塵伍渺

玖漠玖埃捌渺壹逡捌巡捌須

肆臾壹淨

又下莊丁田房地租銀壹百叁拾捌兩捌錢柒分玖毫貳絲

捌忽雜租銀壹百柒拾兩　肆錢玖

分玖釐火耗銀壹拾捌兩也錢貳分

貳釐貳絲捌忽捌微玖纖共應徵銀

叁百叁拾伍兩陸錢玖分壹釐玖毫

伍絲陸忽捌微玖纖

以上丁田雜辦大糧匠糧新糧等項共徵銀壹萬伍千

陸百叁拾玖兩柒分陸釐叁毫肆絲

叁忽陸微玖纖玖沙陸塵伍渺玖漠

玖埃捌渺壹逡捌巡捌須肆臾

壹淨內除欽奉

江寧府乾隆十年分田地人丁清册

上諭事案內豁免銀壹千柒百叁拾捌兩叁錢玖釐捌毫陸絲玖忽伍微陸纖伍沙貳塵壹渺柒漠叁埃玖溟貳菾內係屬缺

江安糧道協濟漕項支用銀叁百伍拾捌兩玖錢捌毫陸絲玖忽伍微陸纖伍沙貳塵壹渺柒漠叁埃玖溟貳菾

驛傳道頁舫銀壹千叁百捌拾兩叁錢外實徵銀壹萬叁千玖百兩柒錢陸分陸釐肆毫柒絲肆忽壹微叁纖肆沙肆塵肆渺貳漠伍埃捌宍歩江捌毫伍巡捌須肆東壹淨內除機解漕項銀柒千陸百伍拾捌兩壹錢肆分伍釐壹毫叁絲捌忽肆微叁纖玖沙捌塵肆渺肆漠玖埃陸溟貳菾應歸糧

道造報奏銷外

實該銀陸千貳百肆拾貳兩陸錢貳分壹釐叁毫叁絲伍忽
陸微玖纖肆沙伍塵玖渺柒漠陸埃
貳溟柒茫捌逡伍巡捌須肆臾壹淨

內

撥解驛道貢舫銀叁千陸百柒拾貳兩陸錢內除乾隆玖
年議免流抵銀壹百柒拾肆兩陸錢
柒釐肆毫叁絲肆忽肆微貳纖柒沙
伍塵捌渺壹埃柒逡陸巡實徵銀叁
千肆百玖拾柒兩玖錢玖分貳釐伍
毫陸絲伍忽伍微柒纖貳沙肆塵壹
渺玖漠捌埃貳逡肆巡查此貢舫銀
兩原係照米既叁徵收續於丁隨田
辦等事案內奉部覆令隨田一體徵

銀是以改歲全銀理合登明

前件全完外有溢完應行流抵下年新賦銀壹百柒拾肆兩陸錢柒釐肆毫叁絲肆忽肆微貳纖柒沙伍塵捌渺壹漠柒逡陸巡係經解江南驛鹽道支給黄快船工修之用於遵

旨會議事案內造冊報銷

一解司銀貳千伍百柒拾兩貳分壹釐叁毫叁絲伍忽陸微玖纖肆沙伍塵玖渺柒漠陸埃貳漠柒茫捌逡伍巡捌須肆[illegible]

前件已完銀貳千伍百貳拾玖兩肆錢貳分叁釐叁毫玖絲貳忽壹微壹纖壹沙陸塵陸渺柒漠壹埃捌漠叁茫叁逡玖巡捌須肆臾壹瞬係本司後回任內

經收

未完銀肆拾兩伍錢玖分柒釐玖毫肆絲
叁忽伍微捌纖貳沙玖塵叁渺伍埃
肆漠肆莫肆逡陸巡

以上民屯丁田等項除額撥漕項外實該口　萬伍千
伍百壹拾伍兩玖錢貳分肆毫陸忽
肆微壹纖貳沙貳塵貳渺貳漠陸埃
貳逡柒巡捌須伍臾捌清肆淨壹漠

該

經徵見任知縣嚴森自乾隆拾年正月初壹日起至年底應徵

前數

已完併經解給共銀壹萬伍千貳拾壹兩
陸分捌釐叁毫伍絲柒忽陸微捌纖
肆沙　捌渺柒漠柒巡叁須玖臾捌清

肆淨壹漠外有糧户溢完應行流抵
下年貢餉銀壹百柒拾肆兩陸錢柒
釐肆毫叁絲肆忽肆微貳纖柒沙伍
塵捌渺壹埃柒逡陸巡
叁釐伍毫
存將縣庫見在提解銀貳拾肆兩捌分壹
乾隆玖年流抵銀壹百柒拾肆兩陸錢柒
釐肆毫叁絲肆忽肆微貳纖柒沙伍
塵捌渺壹埃柒逡陸巡
册荒停緩民賦銀玖拾兩伍　九貳釐
玖毫伍絲玖忽壹微伍纖陸沙壹塵
柒渺壹漠玖埃玖逡伍巡　人猳又省
衛停緩銀肆拾兩壹分玖釐陸毫貳
絲貳微捌纖柒沙壹塵玖渺肆漠伍

俟已於清查田糧等事案內詳

題請豁應聽彼案歸結

未完銀壹百陸拾伍兩伍錢伍分七毛叁

絲肆忽捌微伍纖柒沙壹塵捌渺捌

漠玖埃肆逡捌巡玖須

計已完玖分捌釐壹毫

坍荒停緩捌毫

未完壹釐壹毫

龍江關外河泊所

乾隆拾年分

額徵起運解司併本色辦料等項共銀貳拾兩貳錢玖分一毫
捌絲柒忽伍微內
解部停辦白麻魚膠銀壹兩叁錢捌分伍釐捌毫　貳忽
伍微
前件全完係本司從回任內經收
存候撥用銀壹拾捌兩玖錢伍釐柒絲伍忽
前件全完外溢完銀貳錢叁分柒釐壹毫壹絲
貳忽伍微係本司從回任內經收
以上共銀貳拾兩貳錢玖分捌毫捌絲柒忽伍微該
經徵歷任大使賀子濬自乾隆拾年正月初壹日起至柒月拾
柒日卸事計陸箇月拾柒　應徵伍

塵毫

全完

計已完伍分肆釐柒毫

接徵署事本府照磨呂爾揚自乾隆拾年柒月拾捌日到任起

至拾貳月拾柒日卸事止計伍箇月

應徵肆分壹釐柒毫銀捌兩肆錢伍

分肆釐伍毫

全完

計已完肆分壹釐柒毫

接徵見任大使魏大成自乾隆拾年拾貳月拾捌日起至

年底計拾壹日應徵壹釐塵亡銀柒

錢壹分貳釐柒毫捌絲柒忽伍

全完

計已完壹釐塵毫

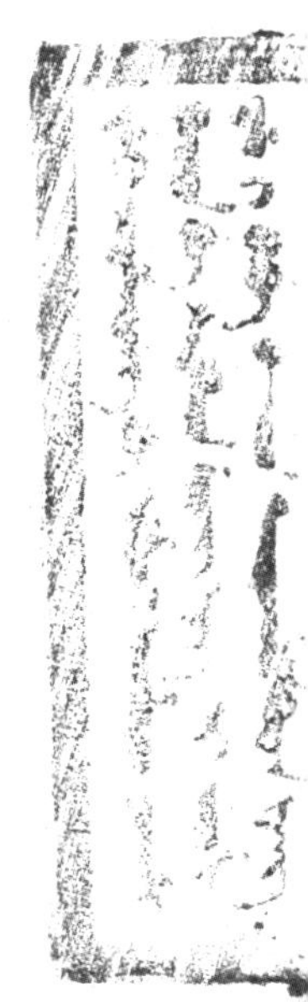

金陵全書

乙編·史料類

江寧上元救生局公牘

（清）佚名 編

南京出版傳媒集團
南京出版社

提要

《江寧上元救生局公牘》不分卷，清佚名編。

這部書的刊刻機構爲生生堂，是江寧、上元二縣的救生善堂，亦即書名所示的『救生局』。爲了更加有效地管理、運行這座善堂，清嘉慶、道光年間，江寧、上元等地官員，依照『督、藩、撫、巡各憲』批文制定章程，并頒布告示禁令加以約束和規範，書中收録這類公牘文書共計五例，其後又附列『報驗聯單存根』等，有尸身報驗時間、地點、姓名及生生堂經費收支狀況等事項。可見，這部書是在對生生堂相關資料進行匯集的基礎上編纂而成，因而并没有嚴格意義上的『作者』。

生生堂以拯溺救生、安妥尸身爲務，是清代南京地區的代表性善堂，它的前身是創建于嘉慶八年（一八〇三）的救生局，地點位于下關草鞋峽。不久之後，由于救生局經費短絀而停辦圮廢。嘉慶十九年，地方士紳伍光瑜、甘福等人捐資重建，并更名爲生生堂。當時建造迎江樓（或稱望江樓），上下兩層共計六間房屋，且分設男堂、女堂，同時置救生船隻。次年，生生堂繼續購買田產，擴大經營規模，即在烈山、三山營、江浦西江口設立三處分局，而以城内信府河之長樂渡爲總局，『以綜其成』。道光元年（一八二一），生生堂又在龍潭增設分局。道光三年，據閔文照等士紳自願申報，『于大衛善司廟内設立分局』，此即孝陵衛分局。至此，在江寧、上元二縣境内，生生堂共設置五處分局，用于拯溺的紅船數達五隻。除了在長江水面從事救生事務外，生生堂對于陸路倒斃尸身亦着力辦理，《江寧上元救生局公牘》正是依托這樣的社會背景産生的。

這部書所收録的五例公牘，依照時間先後順序編排，分别涉及嘉慶二十五年、道光三年、道光四年等時段，這五例公牘均以地方官員頒布禁令的形式呈現，結合公牘所處的時間可以判知，頒布禁令的地方官員包括時任江寧知府余霈元、上元知縣陳道坦等人。其中，余霈元于嘉慶二十五年就任江寧知府，陶澍曾對他評價曰：『在任十餘年，歷署鹽巡、常鎮、河庫各道，并四次署理江安糧道，俱能辦理裕如，曾經兩次卓异，奉旨注册候升，并蒙賞加道銜。該員秉心廉正，歷練勤明，堪以委署江安糧道篆務』。陳道坦則于道光二年調任上元知縣，次年即因政績顯著而『大計卓异』，任職期間還曾參與《道光上元縣志》的編纂與刊刻。作爲南京地區的主要善堂之一，生生堂自然受到余霈元、陳道坦等官員的重視。更重要的是，生生堂的運作和管理逐漸出現弊端，于是地方官員頒布禁令以解除弊端。

就這五例公牘涉及的内容來看，主要是生生堂救生事務辦理的流程。具體來説，一旦發現境内水陸路斃浮尸，由地甲『查明該尸年貌、服色』，并赴救生總局『報明司事』，然後填寫報驗聯單，交給地甲轉呈縣級機構，『由縣隨報隨驗』。若是在分局附近發現陸路倒斃、水面浮尸，則由地甲查明死者相關信息，『先赴分局報明，再知照總局，裁發聯單，赴縣報驗』。之所以需要報驗，是確認尸身是否存在傷痕。對于有傷、無傷之尸，采取不同的處理方式，如嘉慶二十五年公牘中載：『其無傷之尸，照例掩埋，設尸身有傷，由縣驗明後，即飭捕跟緝。』又如道光三年公牘記載：『由該處地保投報堂董看明，捐棺殮埋，如尸身有傷者，無論水陸，概行遵照定例，立行報官相驗詳緝，棺交地保收管。』

無論有傷還是無傷，均與『斃尸處所地主鄰佑人等無涉』，亦即『不得擅傳地主鄰佑伺訊』，避免他們借機勒索、滋擾拖累，此即爲解除生生堂運作中的弊端而采取的舉措。同時對于尸體棺殮掩埋等事所産生的費用，概由生生堂這一救生公局捐辦，『并不分支派累』，也是『以杜差仵藉事勒索之弊』。雖然官府頒布禁令并廣泛宣傳散播，但是地主、地鄰、差仵等人仍然『違例多索』，甚至『凌辱堂董』，爲此官府再三頒布禁令，『以維善舉』。此外，後三份公牘還涉及尸屬認領事宜，比較特殊的是死者生前爲丐，則由丐頭負責認領即可，而認領事宜與有傷無傷、棺殮掩埋、報官請驗等情亦互有交集。值得注意的是，針對生生堂的弊端難以解除的困境，道光四年公牘詳細臚列尸身傷痕查驗、尸屬認領證據等項，進一步細化、壓實生生堂的運作法則，反映出這一救生機構管理體制日臻完善的趨向。

根據《江寧上元救生局公牘》這一名稱所見，這五例公牘是這部書的主要内容，其後又附列跟生生堂有關的材料。首先是『報驗聯單』，共計兩份，分别爲『報驗聯單存根』『奉憲給發報驗聯單』，這是驗證尸身有無傷痕及其身份信息的重要憑據，據此不僅可以認識報驗聯單的格式與形制，也對生生堂運作中的法律效力頗有體認。附録第二部分是道光十年至十三年孝陵衛分局陸路報驗情況，比如道光十年『閏四月十六日，興賢鄉地甲丁太報長城崗自縊男尸一名，旋據尸屬丁國治、國安認，係伊族弟丁國柱，遵例出具領結，給棺自行殮埋』，對尸體發現的時間、地點及其性别、死因進行記載，又載尸屬認領的情況；道光十二年陸路報驗情况中，還記載地甲姓名等信息，凡此與公牘中的某些内容基本吻合，概見生生堂孝陵衛分局的運作方式及其實效。附録最後部分記載的是道光九年至十三年生生堂孝陵衛分局財政收支狀况，包括『銀捐項』『出銀項』『入錢項』『出錢項』『材局錢捐項』『材局出錢項』及『出銀項』等，每項詳細開列銀、錢捐辦、收支的來源、方式與數目，縷析條分，真實可信。

通過對生生堂相關公牘的解讀，不僅可以清晰地認識其運作模式和管理程序，也加深了對清嘉道年間南京城市社會結構和矛盾的理解，即地方士紳在善堂運作中發揮充分的作用，然而慈善事業的發展遭遇地方奸邪勢力的阻撓，因此必須借助官府的法律政令加以管控和治理，以維持地方慈善事業的有序發展。此外，附録關于生生堂孝陵衛分局財政收支的記載，具有重要的史料價值，若加以適當地統計和分析，既能掌握這一善局的收支情況，也可以辨明它的經費來源和結構。倘若能够利用整個生生堂的經費收支數據，并結合太平天國戰後的收支數目，便可以對晚清時期南京善堂的財政運作進行系統深入的分析。由此，本書將具有更加重要的文獻價值。因其記載的時間止于清道光十三年，故其刊刻時間應在此之後。

《金陵全書》收録的《江寧上元救生局公牘》以南京圖書館藏清生生堂刻本爲底本影印出版。

王聰明

特調江南江寧府正堂加三級紀錄十三次余　爲
通行曉諭事除民累事據救生局紳士司事伍光瑜
方傳穆陳授易長華陳維垣陳維屏陳燦勳王嘉言
梅沖陳公綬陳榮陳克寬胡澄章貢金張恩洋林端
郭鴻管培程有恒温肇江鄭繼僑韋枚甘福王言經
張兆桂梁龍方中量吳劉邢崑周承祖陶岑陳克家
陳瑞符陶濬思汪度陳炳文周寶俠林惟堂楊銓臧
錕費士嵩金其相龔士標閔文昭王佐才梅曾蔭路
聲揚王芝林鄭子熙陳遵宜李德輿陳蔭三鄭國恩

張大杰龔湧源鄭懷珍龔湧濤甘韶九曾世傑劉光斗王汝梅周鈺鏞陶鴻王熊等稟奉

各憲飭設江河救生公局。拯溺瘞旅。并備紅船沿江撈救。久經遵行在案。現又奉

臬憲檄飭倣照蘇郡一善堂規行條例辦理。并蒙

督撫藩巡各憲批准。凡遇江河濠塘園池道路祠壇寺院城市關廂井巷東廁等處見有陸路倒斃水面浮屍。該地甲即赴信府河救生公局。報明司事。填單交甲稟縣。由縣詣驗報隨驗。其無傷之屍。照例掩埋設屍身

有傷由縣驗明後卽飭捕跟緝均與水路船户旱路報信暨弊處所地主隣佑人等無涉其一切屍傷分別城鄉及棺殮埋葬各費均由公局照詳定條規捐辦并不分文派累除飭各紳士將奉行規條遵照勒石并刊刻木板刷印成書廣爲佈散以期家喻户曉外合亟出示通知爲此示仰地方居民一切人等知悉嗣後水陸地方凡遇路斃浮屍倘坊甲刑仵人等不遵示諭仍蹈故轍藉端需索以及牽傳地主隣佑船户報信人等訊供取結等事許被害之家赴局

通知。由局稟官嚴提究辦。决不稍寬。毋違特示

嘉慶二十五年　　月　　日示

特調江寧府上元縣正堂加七級紀錄五次陳　爲出示曉諭

據救生局司事舉人陳燦勳王嘉言陳公綬陳克寬職員甘福生員周承祖楊銓費士嵩閔文昭李鏡江蔣恩元王紹裘孫德洋張觀斗監生王錫疇林錫昌劉炳恒佘金聲鄭泰昌王秉和等稟稱奉
各大憲示諭設立救生公局司事等在於江邑信府河設局辦理江河流屍瘗路倒斃均奉
臬憲頒發護照由憲給發聯单遇有流屍倒斃俱由地甲開明年貌服色報局裁单　請驗奉行在案但

地方遼濶誠恐總局照料難周茲據孝陵衛紳士閔文照等自愿於大衛善司廟内設立分局遇有浮屍倒斃俱由該處司事鳴甲報明該局赴城内總局給發聯单報縣請驗所有一切使費遵照各憲頒發規條遵行給發以維善舉等情到縣據此除批准設立分局外合行給示曉諭爲此示仰孝陵衛紳士及軍民人等知悉嗣後該處遇有被水淹斃並陸路倒斃各屍該甲即查明該屍年

貌服色先赴分局報明再知照總局裁發聯单赴
縣報驗其屍無論有無傷痕俱不得擅傳地主隣佑
伺詐以省拖累所有臨塲一切事宜俱照規條遵行
倘坊甲人等如敢藉端滋擾及有屍匿不具報察出
提究不貸各宜凜遵毋違特示
道光三年十二月　　日示

江寧府劉　江寧縣知悉本年九月初五日奉
按察使司林　札開照得各屬城廂市鎮五方雜處往來煢獨或因病倒斃于路或失足溺斃于河均所常有地主報驗差仵人等藉屍滋擾傳訊滋累以致居民地保畏累不敢報官屍遭停暴遺棄朽殘殊堪憫惻前經由司通飭各州縣諭令各善堂局專司查察遇有路斃浮屍以及荒坟野厠道旁等地自縊自盡者由堂捐貲捐棺填具聯單報驗殮埋不傳地主地鄰訊供以杜差仵藉擾勒索之漸如係乞丐病斃經丐頭查無別故丐

頭即與屍屬無異赴堂領棺殮埋毋庸報騐各堂奉行遵辦已有實效嗣據江寧生生堂救生局司事伍光瑜等循例赴司呈請頒給護照等情當經頒照發府給執諭令年終倒換並由府縣出示嚴禁差役刑仵人等遇堂報騐不得藉端需索茲據該府申據江寧生生堂救生局司事伍光瑜等循例呈請換照聲明又添設棲流所二處並設掩埋久停枯棺局應請載入護照等情前來合亟換照□□發等因到府奉此除將護照發給該董事遵照外合併札飭札到該縣即便遵照立即出示嚴禁

倪人等凡遇堂報斃屍不得藉端索費以

擾如敢仍前故違一經訪聞或被告發

懲辦毋得任承弊捺致干未便切切特

二十一日

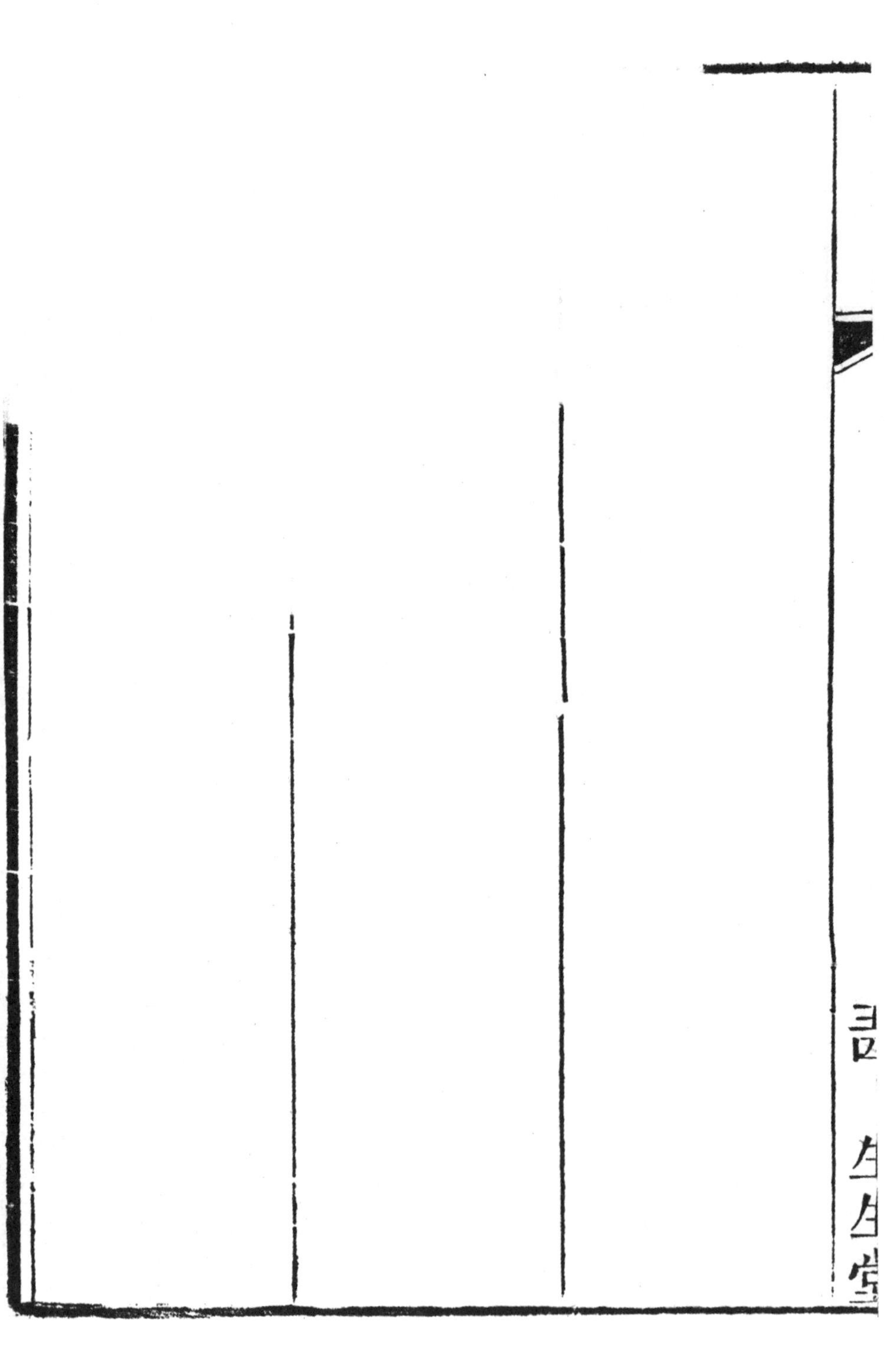

署理江南江蘇等處提刑按察使司按察使總理驛務常鎮通海道加十級紀錄十次王　爲出示曉諭事照得各屬遇有水陸路斃浮屍向由各善堂董填具聯單報官詣驗如無別故捐棺殮埋由縣通詳召屬認領倘經驗有傷痕聽官詳緝前因本年江省各州廳縣被水漫溢災民淹溺致斃者甚多與平昔情形不同經前司權宜出示通飭各屬凡遇水中浮屍附近居民知係被水淹死並無別故者皆不必報官相驗責成地保報堂棺殮其不知來歷之

屍即行報堂看視有傷者報驗無傷者棺殮在案今本署司覆查陸路因病倒斃無傷屍身與溺水身死者事同一律亦應免其報驗即由該處地保投報堂董看明捐棺殮埋如屍身有傷者無論水陸槩行遵照定例立行報官相驗詳緝棺交地保收管不傳地主地隣訊供以杜差仵人等藉詐滋擾除飭各屬遵照外合亟出示曉諭爲此示仰堂董地保刑仵人等知悉嗣後凡遇水陸無傷斃屍槩免報驗責令地保投報堂董看明捐棺殮埋倘有傷痕者均照章程立

即報縣請驗聽官詳緝棺交地保收管不許再傳地主地隣訊供滋累如差役刑仵地棍人等敢於藉端勒索詐擾許該堂董立時扭解來轅定當從嚴懲辦仍將收埋過無傷屍身立簿按旬報縣查考凛遵特示

道光三年十一月十一日告示

特調江寧府上元縣正堂加七級紀錄五次陳
署理江寧府江寧縣正堂加十級紀錄十次朱　爲遵札曉諭奉
本府正堂余　札准
蘇州府憲額　移開蒙
署按察司王　札開批府詳案照各屬水陸路斃浮
屍向經詳議章程或由地保報堂或由堂董查知傳
保察看無屬出認者由堂捐費棚廠飯食錢文塡具
聯單報官請驗棺殮埋葬義塚路遠需船者另捐水
脚錢文如驗有傷痕棺交地保收管聽官詳緝與堂

無涉倘係乞丐斃屍由丐頭查無别故者赴堂領棺
埋葬毋庸報驗稟不飭傳地主地隣訊供取結以杜
差仵藉事勒索之弊疊經詳奉
各憲通飭遵行上年又奉　前臬憲旼議水陸斃屍
稟由堂董督保查看有傷者報驗無傷者即由堂董
捐棺殮埋先後通飭遵辦又經節次示曉在案嗣據
各堂董事分晰有傷無傷及查看傷痕各情形開摺
呈奉
臬憲批府議詳又經核明詳覆蒙　臬憲飭將議呈

各條臚列曉示并須給捐牌分發各屬各堂董遵辦等因蒙此合遵出示諭曉爲此示仰居民地保差仵人等知悉嗣後如遇水陸無屬斃屍聽堂董督保查看分別有傷無傷按照後開臚列各條有傷者捐費填單報驗棺交地保收管聽官詳緝與堂董無涉不傳地主地隣訊供取結滋累其無傷之屍及棲流所驗收病殍在途病故者即行捐棺殮埋義塚如差仵人等敢再違例多索凌辱堂董以及地匪擅敢串冒屍屬藉端滋擾有妨善舉許堂董指名具禀以憑嚴

拏盡法重處決不姑寬各宜凛遵毋違特示

計開各條

一查看水陸屍身頭面有刀戳繩勒手足被縛及跌磕被毆傷痕或顔色發變之處用手按捺堅硬青紅色似係傷痕者又居民門首河干空地坟旁野厠自縊自盡服鹵服毒斃有流血者以上各屍如無屬出認仍照舊章由堂捐費塡具聯單報縣驗殮棺交地保收管聽官詳辦不傳地主地隣訊供滋累如有差仵地保勒索滋擾許堂董即行禀究

一查看屍身頭面并無刀繩戳勒綑縛等傷痕皮肉雖有發變之處用手按捺柔軟非係堅硬及肚腹低陷面色痿黃係無傷病故查無親屬出認卽遵
憲飭捐棺殮埋毋庸報官相驗仍將年貌服色遺物登簿按月彙報府縣示召屍屬領認以上各屍俱聽堂董看明無傷遵諭捐棺埋葬倘有地匪棍徒差仵人等攔殮勒報以圖滋擾者許堂董地保指名禀究

一水陸斃屍有乞食碗鉢籃棒者仍照詳定章程由丐頭看明具結向堂領棺殮埋按月彙報毋庸報官相

驗

一凡遇斃屍查有屍屬出認者應否報驗聽親屬自主與堂無涉

一地保堂董看明實在無傷無屬捐棺殮埋之後倘有地保奸民冒屬圖詐或係的屬藉此圖訛揑稱有傷赴官呈控及柰訊明揑控棍等以誤認一言了事而堂董已遭拖累現飭各屬如遇有呈控先差具禀之人指明亡者姓名年貌服色住址于何月日因何事與何人爭毆何處致命𠕇傷出具如虚愿甘反坐切

結呈縣照結訊辦或稱生前另有别故致死着指出
証據查辦與見屍捐殮之堂董無涉不准並傳滋擾
如無實據不愿具結者立案不行若詳請開檢虛誣
者照律治罪

一棲流局收養病焢查明無故無傷抬至中途病故向
係堂董報騐與局無涉今無傷斃屍俱免報騐所有
棲流局收養病焢中途亡故者已經局等騐無别故
即聽該局捐棺殮埋待屬認領毋庸再由善堂報騐

道光四年　月　日示

報驗聯單存根

縣正堂爲塡單報驗事照得生生堂奉
憲頒發章程凡縣屬城鄉內河溝塘祠壇寺觀道路街巷食井
東厠坟墓田地洲塲遇有路斃浮屍無論有傷無傷由該坊甲
查明報局領費共錢二千二百一十文坊甲由局持單稟縣隨
報隨驗屍身無傷或有親屬出認不願報驗即赴縣遞具攔詞
並同坊甲赴局出具認領狀任聽殮埋如無親屬認者官驗後
由局給棺殮掩埋附近義塜如驗係有傷亦由局給棺殮聽候
官示掩埋官設義塜飭捕緝兇均與見屍報驗之堂董地主地
隣水路船戶陸路報信人等俱無干涉毋許混傳帶訊亦不得
於當塲點名單內開列姓名希圖拖累如違許堂董指名稟究
嚴懲在案今據
鋪地甲　報稱河面地方見有無名　屍一名當給發各
費錢文由堂塡單報驗外給根票存查須至単者
嘉慶　年　月　日　刻塡報

發給　堂報驗聯單　號

奉憲給發報驗聯單

縣正堂爲給單塡報事照得縣屬城鄉內河溝塘祠壇寺觀道路街巷食井東廁坟墓田地洲場等處路斃浮屍無論有傷無傷遵照憲定章程由該坊甲查明赴生生堂報明由堂給費二千二百一十文由甲持單稟　縣隨報隨驗永爲定例第恐地甲差仵刑招阻撓多索爲此特給用印聯單發堂塡報爲此單給該堂董事卽便遵照嗣後遇有水陸斃屍坊甲持單呈報無傷者驗明由堂給棺殮掩埋義塚開明男女年貌服色登簿植標墓所待認仍有無傷屍身預有親屬出認不願相驗亦准該親屬赴縣具請免驗出具切實甘結一面卽同坊甲赴局出具認領狀領去殮埋其有傷者無論金刃木棍毆打服毒及自縊勒傷一切傷痕相驗後卽飭捕跟緝俱不許傳帶董事地主地隣水路船戶陸路報信人等當場點名伺訊亦無許於事後補傳帶訊取結至有傷屍身亦當堂給棺交地甲收管聽候查辦抬埋官設義塚並粘呈報驗聯單在卷以杜朦混如違許堂董指名稟究嚴懲不貸須至聯單者

今據　鋪地甲　報稱　河面地方見有無名　屍一名約年　歲

嘉慶　年　月　日　刻具報　第　號

道光十年陸路報驗列後

三月二十九日十五約所地甲潘永報高橋門東嶽廟前倒斃無名男子一名報驗

閏四月十六日與賢鄉地甲丁太報長城崗自縊男屍一名旋據屍屬丁國治國安認係伊族弟丁國柱遵例出具領結給棺自行殮埋

五月初四日泉字鋪地甲孫貴報麒麟門塘內淹斃無名男子一名報驗

五月三十日漆字鋪地甲周啟報下五旗塘內淹斃男

屍一名旋據屍胞兄倪祿認係伊胞弟倪壽出具領
結自行殮埋
七月二十五日蒙字鋪地甲孫貴報朝陽門接官廳旁
倒斃無名僧屍一名報驗
十二月十二日開寧鄉地甲薛斌報麒麟門外西村菴
旁倒斃無名男丐一名遵例具結給棺殮埋
十二月十七日十三約地甲薛斌報宣義鄉脾頭菴倒
斃男屍一名旋據倉頭人屍子姚惟政認係伊父姚
士林求　官免驗自行裝殮擡回

道光十一年陸路報驗列後
五月初十日等字鋪地甲孫貴報范家園後山塘内淹斃男屍一名旋據屍叔鄒育田認明係伊姪鄒琹出具領結給棺自行殮埋
六月初六日養字鋪地甲孫貴報後衛地方倒斃無名男丐一名遵例具結給棺殮埋
八月初三日撫軍衙老軍吳尚言報茶篷内倒斃無名男丐一名遵例具結給棺殮埋
八月十四日岑字鋪地甲孫貴報西山下倒斃無名男

丙一名遵例具結給棺殮埋

八月二十一日岑字鋪地甲孫貴報白衣菴土地廟內倒斃無名男丙一名遵例具結給棺殮埋

九月初三日岑字鋪地甲孫貴報天馬井土地廟內倒斃無名男丙一名遵例具結給棺殮埋

九月初四日漆字鋪地甲周啟報五棵松茶篷內倒斃無名男丙一名遵例具結給棺殮埋

九月初九日崖字鋪地甲孫貴報衛頭巷內倒斃男子一名旋據泗洲人劉六子認係伊兄遵例出具領結

自行殮埋

十月初四日䍐字鋪地甲孫貴報武廟門口倒斃無名男丙一名遵例具結給棺殮埋

十月初五日䍐字鋪地甲孫貴報武廟門口倒斃無名男丙一名遵例具結給棺殮埋

十月初八日撫軍衞老軍吳尚全報茶篷內倒斃無名男丙一名遵例具結給棺殮埋

十月十一日十六約所地甲孫貴報劉家管倒斃無名男丙一名遵例具結給棺殮埋

十一月初四日崖字舖地甲孫貴報安樂塘倒斃無名男丙一名遵例具結給棺殮埋

十一月十一日蕘字舖地甲孫貴報鍾靈橋土地廟內倒斃無名男丙一名遵例具結給棺殮埋

十一月十三日龍字舖地甲孫貴報露水橋地藏菴門口倒斃無名男丙一名遵例具結給棺殮埋

十一月二十四日九約所地甲吳尙起報五棵松倒斃男丙一名遵例具結給棺殮埋

十一月二十六日書字舖地甲周啟報五棵松茶篷內

倒斃無名男丐一名遵例具結給棺殮埋

十二月初三日聞字鋪地甲孫貴報衛岡小酒行倒斃

無名男丐一名遵例具結給棺殮埋

十二月十八日岑字鋪地甲孫貴報孝陵衛街旁倒斃

無名男丐一名遵例具結給棺殮埋

十二月二十四日蒙字鋪地甲孫貴報朝陽門外官廳

前倒斃無名男丐一名遵例具結給棺殮埋

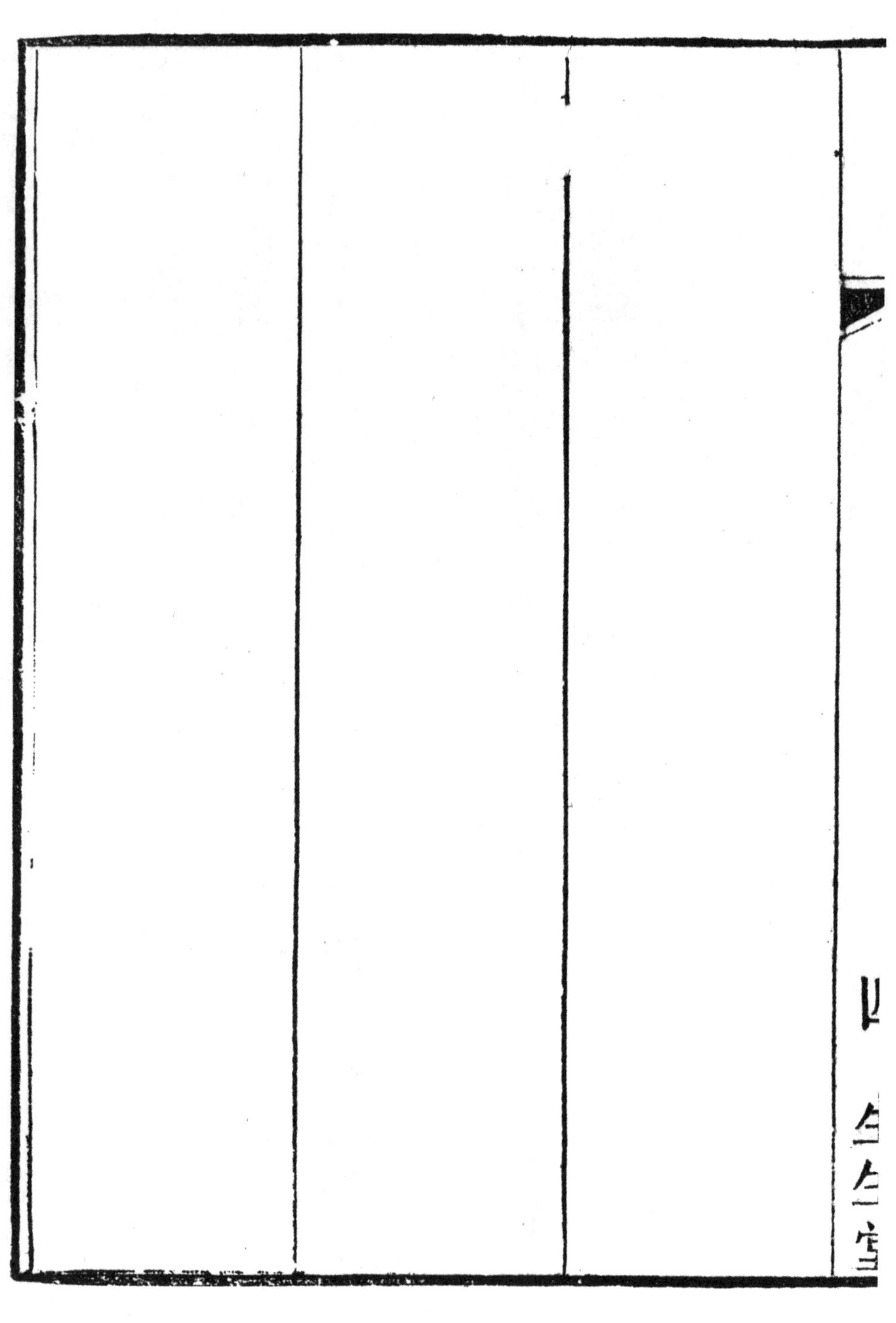

道光十二年陸路報驗列後

正月初四日蒙字鋪地甲孫貴報朝陽門外官廳旁倒斃無名男丐一名遵例具結給棺殮埋

正月初六日龍字鋪地甲孫貴報觀音寺門口倒斃無名男丐一名遵例具結給棺殮埋

正月十六日龔字鋪地甲孫貴報武廟門口倒斃無名男丐一名遵例具結給棺殮埋

正月二十二日局前地甲孫貴報祇園菴門口倒斃無名僧屍一名遵例具結給棺殮埋

二月十六日岑字鋪地甲孫貴報善司廟旁倒斃無名男丙一名遵例具結給棺殮埋

二月十六日興賢鄉地甲沈全報徐家山無門破礙屋內倒斃無名男丙一名遵例具結給棺殮埋

二月十七日嶤字鋪地甲孫貴報鍾靈橋土地廟倒斃無名男丙一名遵例具結給棺殮埋

二月十八日嶤字鋪地甲孫貴報鍾靈橋土地廟倒斃無名男丙一名遵例具結給棺殮埋

二月二十日左字鋪地甲王泰報梅家廊倒斃無名男

丙一名遵例具結給棺殮埋
三月十二日十六約所地甲孫貴報土街空地上倒斃
無名男丙一名遵例具結給棺殮埋
三月十八日岑字鋪地甲孫貴報火神廟戲臺前倒斃
無名男丙一名遵例具結給棺殮埋
三月二十九日岑字鋪地甲孫貴報羅漢菴巷口倒斃
無名男丙一名遵例具結給棺殮埋
四月初七日龍字鋪地甲孫貴報下馬牌倒斃無名男
丙一名遵例具結給棺殮埋

四月初九日壽字鋪地甲王太報洪武門城墻根倒斃
無名男丐一名遵例具結給棺殮埋
四月二十日栽字鋪地甲沈明報中所巷口倒斃無名
男丐一名遵例具結給棺殮埋
五月二十一日堯字鋪地甲朱全報後圩土地廟倒斃
無名男丐一名遵例具結給棺殮埋
六月初九日龍字鋪地甲朱全報寶山菴財神廟倒斃
無名男丐一名遵例具結給棺殮埋
六月十五日裳字鋪地甲朱全報朝陽門外官廳旁倒

斃無名男子一名報驗

六月十五日崖字舖地甲朱全報劉家凹倒斃無名男丐一名遵例具結給棺殮埋

六月十七日岑字舖地甲朱全報火神廟門口倒斃男屍一名旋據姚坊門墻下住人葛起如認係胞兄葛起云出具領結給棺自行殮埋

八月初二日裒字舖地甲金標報火神廟門口倒斃無名僧屍一名遵例具結給棺殮埋

八月初五日裒字舖地甲朱順報觀音寺門口倒斃無

名男丐一名遵例具結給棺殮埋
八月初八日裁字舖地甲朱順報下馬牌倒斃無名男
丐一名遵例具結給棺殮埋
八月二十二日十六約所地甲朱淇報衛衕倒斃無名
女丐一名遵例具結給棺埋
九月初七日裁字舖地甲朱洪報鐵匠營倒斃無名男
丐一名遵例具結給棺殮埋
九月初七日裁字舖地甲朱洪報鐵匠營倒斃無名男
丐一名遵例具結給棺殮埋

九月十九日𡨚字舖地甲金標報火神廟𡨚下倒斃無名男丐一名遵例具結給棺殮埋

九月十九日𡨚字舖地甲王順報觀音寺門口倒斃無名男丐一名遵例具結給棺殮埋

閏九月十九日十六約所地甲王順報梁家巷財神廟倒斃無名男丐一名遵例具結給棺殮埋

閏九月二十四日𡨚字舖地甲金標報衛頭巷大街倒斃無名男子一名旋據屍屬胞兄毛金武認係伊胞弟毛懷子遵例出具領結給棺自行殮埋

孝陵衛

三三堂

十月初五日十三約所坊快伍太報麒麟門外麒麟舖倒斃無名男丐一名遵例具結給棺殮埋

十月廿三日十六約所地甲金標報白衣菴倒斃無名女丐一名遵例具結給棺殮埋

十月十八日堯字舖地甲金標報武廟旁倒斃無名丐僧一名遵例具結給棺殮埋

十月二十六日十六約所地甲王順報朝陽門城根倒斃無名男丐一名遵例具結給棺殮埋

十一月初八日十六約所地甲金標報衞頭巷口倒斃

無名男丙一名遵例具結給棺殮埋
十一月初九日十六約所地甲金標報麒麟菴門口倒
斃無名男丙一名遵例具結給棺殮埋
十一月初十日十六約所地甲金標報二鋪巷財神廟
倒斃無名男丙一名遵例具結給棺殮埋
又十六約所地甲金標報二鋪巷財神廟倒斃無名男
丙一名遵例具結給棺殮埋
十一月十三日巍字鋪地甲王順報中所巷口倒斃無
名男丙一名遵例具結給棺殮埋

十一月十六日龍字舖地甲王順報觀音寺門口倒斃
男子一名旋據屍妻黃厰河人卓王氏同子大和認
係伊夫卓盛芳遵例出具領結給棺自行殮埋
十一月十八日蒙字舖地甲王順報朝陽門官廳倒斃
無名男丐一名遵例具結給棺殮埋
十二月二十一日十六約所地甲金標報柳營倒斃無
名男丐一名遵例具結給棺殮埋
十二月二十四日十六約所地甲金標報大士菴土地
廟倒斃無名男丐一名遵例具結給棺殮埋

十二月二十五日十三約所地甲薛斌報麒麟門外下埠頭村倒斃無名男丐一名遵例具結給棺殮埋

十二月二十七日十六約所地甲金標報白水橋倒斃無名男丐一名遵例具結給棺殮埋

十二月二十八日十六約所地甲金標報白菴倒斃無名男丐一名遵例具結給棺殮埋

道光十三年陸路報驗列後

正月初四日仙鶴門地甲周啟報西崗夏家庄倒斃無名男丐一名遵例具結給棺殮埋

正月十八日莊字鋪地甲金標報雙拜崗倒斃無名男丐一名遵例具結給棺殮埋

正月二十日泉字鋪地甲金標報石壩村倒斃無名男子一名報驗

二月初一日十五約所地甲金標報皂角樹倒斃無名男丐一名遵例具結給棺殮埋

二月初二日化字鋪地甲王安報洪武門倒斃無名男丐一名遵例具結給棺殮埋
二月二十七日岑字鋪地甲金標報山井土地廟倒斃無名男丐一名遵例具結給棺殮埋
三月初三日十六約所地甲王順報金門象脚倒斃無名男丐一名遵例具結給棺殮埋
三月十五日岑字鋪地甲夏榮報羅漢菴巷口倒斃男子一名旋據屍旋柳正有認係伊姪柳永懷出具領結給棺自行殮埋

三月十五日岑字鋪地甲夏榮報山井土地廟倒斃無名男丐一名遵例具結給棺殮埋

四月二十二日泉字鋪地甲孫明啟報撫軍衙茶篷內倒斃無名男丐一名遵例具結給棺殮埋

四月二十三日泉字鋪地甲孫明啟報撫軍衙茶篷內倒斃無名男丐一名遵例具給棺殮埋

五月初一日舒字鋪地甲王順報靈谷寺樹上自縊男子一名旋據屍父金廷榮同子金大認係伊次子金朝求 官免驗給棺自行殮埋

五月初七日舒字鋪地甲王順報柳營茶篷內倒斃無名男丐一名遵例具結給棺殮埋

五月二十二日十六約所地甲王順報五桂山樹上自縊無名男子一名報驗

五月二十九日十六約所地甲王順報金門倒斃無名男丐一名遵例具結給棺殮埋

道光九年九月至十三年五月止銀捐項下

計開

絨行　捐紋銀六兩四錢五分五厘

又　捐洋錢二元

毓秀堂　捐紋銀十五兩四錢五分

陳斂堂　捐田價紋銀一百十一兩六錢九分

又　捐洋錢二元

李吳二姓高橋門　捐陸正陽贖田價紋銀四兩九錢九分

又　捐洋錢四元

慈蔭律院　捐紋銀七兩三錢五分

郭興章手還已捐未繳洋錢八元　仍欠繳錢六千三百文

德潤堂俞　息紋銀二十八兩二錢

又息洋錢四元

萬壽寺南海香會還栢木柁子紋銀十五兩　李卓三手

郭有龍　還紋銀四兩二錢一分

陳洪連　還洋錢五元

借俞金聲　紋銀四十兩　十二年十二月二十五日因材局不敷

存倪長順押租　紋銀一兩五錢

王啟士　還紋銀七兩三錢六分

王廷貴九年年捐　捐洋錢一元

紀智堂　還紋銀九兩五錢六分

錢換　紋銀四十兩零五錢六分

又　洋錢二元

請會二十二位（每位五兩）　計曹紋銀一百十兩（欠平二錢四分實收紋銀一百零九兩七錢六分）

前刻賬實存紋銀一百零二兩五錢

總共紋銀五百零四兩五錢八分五厘（內除紋銀十四兩一錢五分五厘換洋錢十九元）

入洋錢二十八元

入换洋錢淨入紋銀四百九十兩零四錢三分

共入洋錢四十七元

道光九年九月至十三年五月止出銀項下

計開

換錢曹紋銀三十七兩二錢三分五厘

塡會紋銀四十九兩

城鄉各色使費紋銀五十一兩二錢三分洋錢五元

貼施材局紋銀七十兩零九錢二分半

熬膏藥蘇油陶丹皮紙藥料紋銀五十兩零二錢四分半

置買田地房產使費紋銀六十八兩二錢七分洋錢二十二元

完屯米紋銀一兩三錢一分

孝陵衛　　　　　　　　　　臣　　生生堂

絨捐酬應紋銀一兩二錢
洋錢二元

黃起東刻字洋錢二元

德潤堂俞借紋銀一百兩

六方置買馬姓店房局中墊用紋銀三錢一分半

傅成契押銀九兩五錢

還倪姓押租銀一兩
作錢一千二百八十文

各客來往一切酬應紋銀五兩八錢
洋錢十六元

還俞金聲紋銀四十兩

又　息銀一兩六錢八分

以上共出紋銀四百八十七兩七錢一分

出洋錢四十七元

除出應存紋銀三兩七錢二分道光十二年值年賬上應存未交銀一兩二錢五分半

現實存紋銀一兩四錢六分五厘

孝陵衛

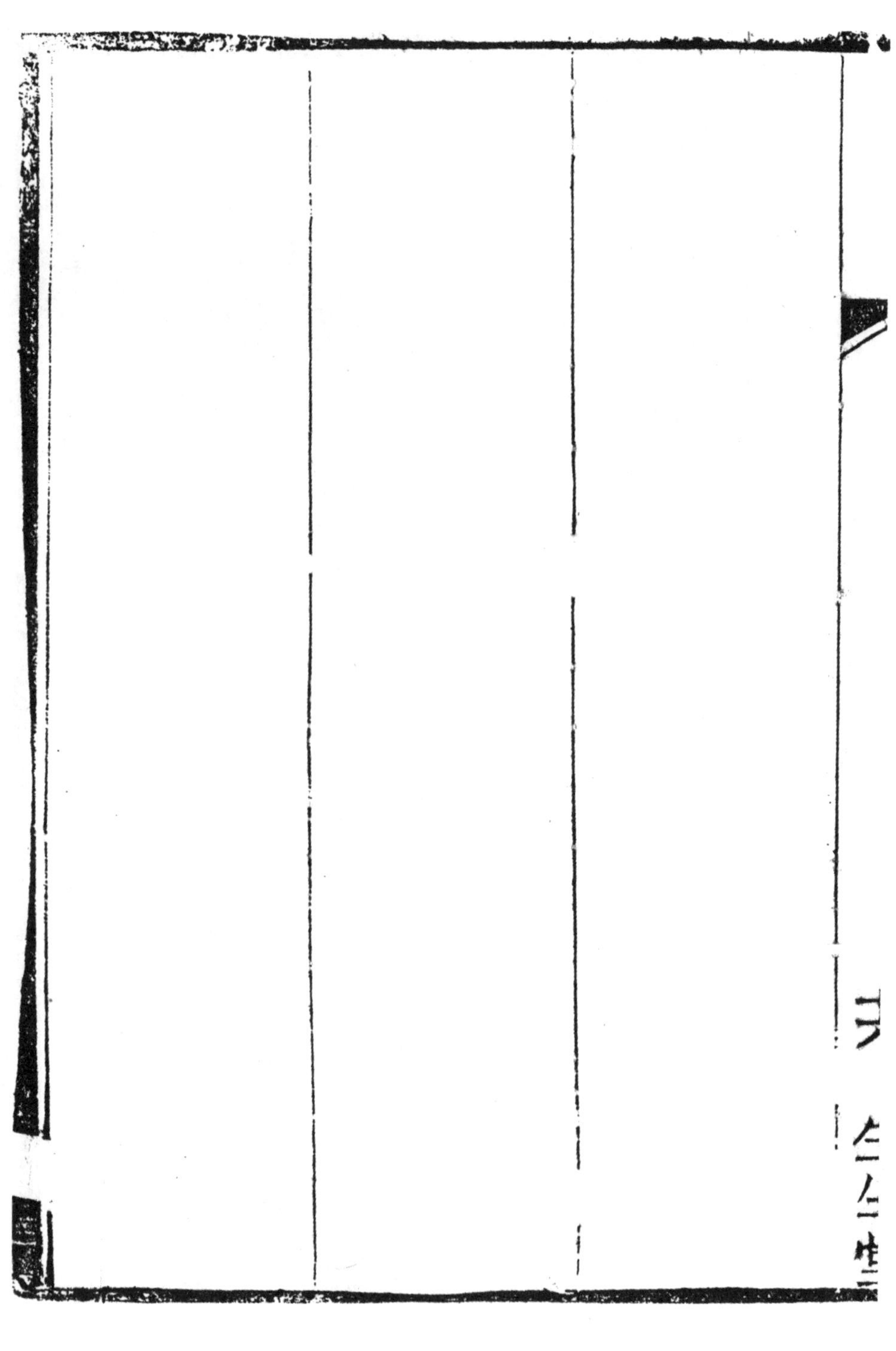

道光九年九月至十三年五月止入錢項下

計開

兆來典　月捐錢二十四千八百四十文

吉慶典　月捐錢十四千一百文

通興典　月捐錢十四千一百文

松盛典　月捐錢十一千八百八十文

森源典　月捐錢九千三百文

曹泰生　月捐錢四千七百文

田有年　月捐錢十四千二百九十七文

孝陵衛　惜生堂

于錫眉　月捐錢一千九百八十三文

邵集順　捐錢四千四百一十文

張佑西　捐錢二千一百七十三文

張翼和　捐錢一千五百文

陳聚昌　捐錢二千九百二十文

高沛九　捐錢十千文

高惠九　捐錢二千文

高士朝　捐錢二千文

陳位西　捐錢六百文

王大金　捐錢一千七百五十九文

王正和　捐錢一千零六十六文

謝聚成　捐錢一千二百文

葛玉興　捐錢六百九十文

王合盛　捐錢七百五十文

王春發　捐錢六百零四文

趙啓興　捐錢一千二百五十七文

義茂坊　捐錢一千六百六十三文

聚興　捐錢一千零七十文

嚴大奎　捐錢五百二十五文
王士春　捐錢一千一百四十九文
王廷貴　捐錢一千八百九十九文
鄒炳福　捐錢一千四百三十五文
鄭祥太　捐錢二千七百二十九文
森發　捐錢一千二百四十五文
王廷文　捐錢二千文
王永貴　捐錢二千文
王士奇　捐錢六百十五文

鄭芳谷　捐錢八百五十文

許祥如　捐錢七百四十八文

薛清臣　捐錢二千六百七十九文

王永盛　捐錢六百九十九文

陳大均　捐錢一千文

聚興會　捐九七四錢十千文除使費外實收足錢四千七百三十三文

余國富　捐錢九百七十四文

宣義鄉　捐錢六十九千八百二十七文

慈蔭律院　捐錢四千九百三十文

劉文杰　捐錢六千五百二十二文
嚴茂廷　捐田贖價錢四千一百七十五文
李吳二姓高橋門　捐田贖價錢十一千九百五十文係陸正陽贖回
孫文山　回贖局典地錢三千五百零一文
郝永發　贖田價錢二千九百四十文
絨行　捐錢二百三十六千二百三十三文
日捐　錢二百九十七千三百五十一文
鍾允恬　還錢二十千文
又　息錢一千八百七十七文

陳洪連　還錢四十千零三百文
又　息錢一千文
傅成　息錢一千四百文
薛正武　還錢四十千文
又　租息錢五千二百七十六文
王啟志　息錢三百文
郭有龍　還錢九千五百七十文
又　息錢七百八十文
七里洲貼局費　錢二千文

孝陵衛　王生館

存各姓押租　錢四千四百二十文
銀換　錢四十九千零七十文
田地租　錢一百千零零七百六十文
各店房　錢三百六十七千二百二十一文
前刻賬實存錢一百四十九千三百文
總共大錢一千三百八十六千七百四十六文

道光九年九月至十三年五月止出錢項下

計開

各客來往及一切酬應并逐日烟茶零用等錢九十六千五百零八文

進城下鄉辦公各費錢二十七千五百五十文

王耐菴脩金　錢十九千二百文

各局友伙食　錢三十九千四百文

金貴工食　錢二十九千八百七十二文

王貴工食　錢八十七千九百五十文

鍾蕙工食　錢五十九千零九十八文

馬元工食　錢五千二百四十文

熬膏藥皮紙並和尚經資錢一百七十三千五百零四文

城鄉各色使費　錢五十一千三百零七文

貼施材局　錢四千五百零一文

施茶賑孤經資銀錠錢十九千一百五十四文

修理浴堂及各處店房錢七十四千九百八十文

置買房屋田地及使費錢一百十七千六百七十文

前刻清冊　錢五千文

換銀　錢五十九千八百零二文

折錢色折串　錢四十一千一百七十五文

完各欵錢糧糧米　錢十三千四百七十二文

資助過往窮民乞丐　錢十六千五百五十二文

絨捐使費　錢九千七百八十八文

貼六方十一年　萬壽戲篷錢九千七百四十文

六方買馬姓店房局中墊用錢十九千二百文

出會賠用　錢十四千三百二十八文

查辦枯棺掩埋一切等費錢十九千九百三十八文

孝陵衛

坊快地甲丐頭工食　錢十四千二百六十五文
本年請會用錢　十二千零四十九文
填會　錢十四千一百九十文
收埋路斃乞丐流民擡埋具結石碣等錢四千四千九百六十文
筆墨紙張賬簿一切零星等項錢十千零零八十一文
局中裱畫　錢二千七百四十一文
貼賑務義賑寫捐以前賑務辦竣以後　錢二十一千零九十七文
赴屍所費　錢十八千七百零六文
鍾允恬契紙　錢二十千文還訖

陳洪連　借錢四十五千文　還訖

薛正武　借錢四十千文　還訖

郭有龍　借錢十五千文　還訖

紀智堂　借錢十三千文　還訖

王啟志　借錢二十千文　還銀七兩三錢六分

胡旺林　借錢二十千文

王有爵　借錢十五千文

王有宏　借錢五千文

張木匠　借工錢一千文

找還倪長順押租錢七百二十文

置辦靠背墊子碗盞錫器錢十七千文

募捐使費錢九千五百三十九文

共出錢一千三百七十四千二百六十七文

共入錢一千三百八十六千七百四十六文

除出應存錢十二千四百七十九文

道光十二年四月十八起至十三年五月二十九日止材局錢捐項下從前係出榜通知今附刻局帳後

吉慶典　錢四千文　三百零八號止

通興典　錢四千文　三百零八號止

曹泰生　錢四千文　三百零八號止

胡瑞涵　錢三千八百八十文　三百零八號止

田有年　錢四千文　三百零八號止

王昆元　錢四千二百六十文　二百九十號止

李卓三　錢四千四百文　三百零八號止

李晴嵐　錢四千文　三百零八號止

閶闔堂閔 錢二千四百文 三百零八號止

林錫昌 錢三千九百四十文 三百零五號止

姚聚森 錢四千三百四十文 三百零五號止

戴榮九 錢二千七百文 二百三十七號止

譚泰山 錢三千八百六十文 二百六十號止

龐提三 錢三千八百六十文 二百六十號止

安定益記 錢三千五百二十文 二百八十六號止

陳鼎盛 錢二千六百八十文 二百三十六號止

周錦聚 錢二千六百文 二百四十號止

施掄功　錢三千四百六十文　二百五十號止

邵集順　錢二千七百文　二百十二號止

王問渠　錢一千一百八十文　二百六十六號止

倪錦福　錢一千五百文　二百四十二號止

魏金和　錢一千四百文　二百二十五號止

劉仁昌　錢一千六百六十文　一百五十號止

于錫眉　錢一千三百文　二百二十九號止

東興　錢九百八十文　一百四十四號止

王茂元　錢一千六百六十文　一百六十六號止

王秉和　錢一千六百六十文一百五十二號止

王貴和　錢一千六百六十文一百五十二號止

王斯元　錢六百八十文一百號止

王春和　錢七百六十文九十二號止

顧蓉桂　錢八百文二百零五號止

施廷幹　錢六百四十文二百六十八號止

施秉衡　錢五百文一百八十二號止

張潤西　錢五百文一百三十三號止

張炳揚　錢五百文八十號止

張士義　錢五百文八十號止

許得元　錢五百文八十號止

鄭祥泰　錢四百文九十五號止

陳聚昌位西　錢三百二十文九十一號止

復興旗　錢三百二十文八十號止

汪一清　錢四百文五十三號止

黃芝山　錢二百文六十二號止

張貢賢　錢一百二十文五十一號止

劉廣齡　錢一百二十文六十三號止

道光十二年因辦材不敷另行募捐

胡瑞涵　捐足錢二千五百文

陳大均　捐元錢五百文

陳大志　捐元錢五百文

陳士祿　捐元錢五百文

陳大如　捐元錢五百文以上四家折足錢一千九百六十八文

施秉衡　捐元錢五百文

黄芝山　捐元錢一千文

施掄功　捐元錢一千文

王芝記　捐元錢五百文

謝維新　捐元錢五百文以上五家折足錢三千四百零九文

郭德昭　捐足錢四百八十七文

無名氏　捐足錢四百八十七文

倪錦福　捐足錢四百九十三文

曹泰生　捐足錢二千文

劉國祥　捐足錢一千文

夏德魁　捐足錢五百八十一文

程貴記　捐足錢五百文

孝陵衛

淩晉齋　捐足錢五百文
宋國勲　捐足錢四百九十三文
無名氏　捐足錢一千一百七十一文
無名氏　捐足錢一千四百三十七文
各姓左村　錢八十七千二百六十九文
局　貼濟錢四千五百零一文
無名氏　捐紋銀十兩
又經募　洋錢三元
宋通與　捐紋銀二兩零一分

無名氏　捐洋錢二元

林錫昌　捐紋銀二兩

程茂林　捐紋銀二兩

程紹賢　捐洋錢二元

吳春堂　捐洋錢一元紋銀二錢四分

張鑑青　捐洋錢一元

閔灊菴　捐元銀二兩

王問渠　捐紋銀二兩

局　貼濟紋銀七十兩零九錢二分半

孝陵衛　卷　二三

前出榜實存錢七千一百二十七文

總共入錢二百零四千七百八十三文

總共入銀九十一兩一錢八分半

又入洋錢九元

材局出錢項下

買板與木及送板力並釘錢七十八千四百零四文

買鄧店材　錢七千九百文

買余店材　錢九十二千零四十四文

張木匠做材工　錢十九千五百三十五文

卜紙店刷收捐票　錢一千五百文

收捐力　錢四千文

給各姓錁錠　錢一千四百文

出銀項下

買板　　紋銀三十五兩三錢五分

刀入　　洋錢七元

買、余店材　　紋銀五十五兩八錢三分半

又　　洋錢二元

總共出錢二百零四千七百八十三文

總共出銀九十一兩一錢八分半

又出洋錢九元

出入無存

道光十三年欠項下

計開

一該各姓存會本紋銀一百十兩

金陵全書

乙編·史料類

江南善政前後匯録

（清）陶熾昌 編

南京出版社
南京出版傳媒集團

提要

《江南善政前後匯録》一卷，清陶熾昌編。陶熾昌生平不詳。其跋文末署『東越陶熾昌』，可知爲浙江人。該書由『若耶陶煜光』署面，扉頁背面左下角刻『板存會稽陶寓』。結合這些信息，陶熾昌當爲會稽著姓陶氏族人。

《江南善政前後匯録》表彰了在金陵長期任職的楊金龍的種種善政。楊金龍（？—一九〇六），字鏡崖，湖南寶慶府邵陽縣人，太平天國戰争後期入伍。初隨駱秉章軍隊在四川作戰，以戰功獎六品職。同治四年（一八六五）從左宗棠軍隊入閩，克復漳州等地。後又跟隨左宗棠至陝甘鎮壓起義，并參與收復新疆。因作戰勇猛，屢建戰功，獲賞頭品頂戴、年常阿巴圖魯名號。左宗棠任兩江總督後，奏請將其留于金陵補用。光緒九年（一八八三）中法戰争爆發，受命前往臺灣駐防。次年法國艦隊攻打基隆，奉劉銘傳命率營專防嘉義、彰化，後又前往滬尾助戰。光緒十二年因病回寧休養。光緒十四年後管帶上海機器局炮隊，光緒十九年調署江寧城守協，并統新兵五營。光緒二十五年授江南福山鎮總兵。次年八國聯軍侵華，又被兩江總督劉坤一急召回寧控制局面。光緒二十八年節制三大營，并總統水陸各營事務。光緒三十一年授江南提督。次年卒。

本書『前録』刊印于光緒二十四年。當年夏大江南北遇旱，市場上米少價昂，江寧城中也有搶米風潮，米行自危，府縣官束手無策。後楊金龍帶領兵士于南北米市往來彈壓，市面漸趨穩定。城廂内外紳民及米業商人爲表感激，特爲其刊刻《善政録》。據上元人彭浩所作序文，『是編所録皆巷語街談，無非頌德歌功之意。至于公生平偉績豐功，夫固自有專集以紀事實，兹故不贅述云』。

光緒二十七年夏，長江爆發洪灾。上新河沙洲圩四面被水，面臨潰堤風險，三十餘萬畝田禾岌岌可危。楊金龍接到鄉董求援後，親率兵士至沙洲圩，與農夫合力固堤抗洪，直至洪水退却。大灾過後，又涌現出一批贊美楊金龍的詩文、匾額及對聯。經陶熾昌匯總并添加其他内容後，與『前録』合爲一編，名《江南善政前後匯録》，于光緒二十八年冬刊刻出版。

該書首爲楊金龍小影，前圖後贊。次録光緒十九年楊金龍赴寧前，上海紳士商民及劉錫爵所撰贈序兩篇，其中多提及楊金龍在上海時的善政。次會稽陶方璿序、新安石凌漢序。次目録。正文首篇爲江寧王治乾所撰《事略考》，記載了同治元年至光緒二十八年間楊金龍的主要事迹。此後繆荃孫編《續碑傳集》中收録的《江南提督楊公事略》，亦爲王治乾所作。其他内容則爲頌揚楊金龍在寧善政的匾額、對聯、記、跋、詩等。除制止搶米風潮與沙洲圩抗洪外，還包括植柳樹以護馬路、掘井取水，以及重修昭忠祠、大石橋、石埠橋、九眼井、鈔庫街等事。本書雖爲表彰楊氏所作，但從相關史事中亦可考見清末南京城市狀況。可以發現，在太平天國戰争結束三十餘年後，這一省城都會之地依然處處凋敝。城北大石橋『土崩瓦解，荒凉溢目』。城南鈔庫街道路低窪，光緒二十七年夏季大水後『竟成廢地，往來行人恒苦窘步』。

楊金龍的事迹，還有助于了解江寧城守協。清代兵制，各省總督所屬緑營稱督標。但兩江總督下屬除本標中營外，還有江寧城守協，長官皆爲副將。參考晚清江寧城市地圖，可知江寧城守協衙署位于兩江總督署西南。城守協下屬城守都司，衙署位于北門橋西。關于其在城市事務中的角色，至今所知甚少，本書則提供了難得的史料。此外，關于江寧練將學堂，既有研究多引用劉坤一奏折，知其設于光緒二十五年，具體地點并不清楚。通過本書收録的《重修昭忠祠碑記》等文，可知楊金龍于光緒二十六年『擇昭忠祠爲住隊訓練之所』。這些史料都值得重視。

《江南善政前後匯録》在南京圖書館、南京大學圖書館、上海圖書館皆有收藏。南京圖書館、上海圖書館藏本不分卷，南京大學圖書館對原書修補後重訂爲四册。因該書扉頁背面題『光緒壬寅冬月重鐫』，故刊刻時間皆被著録爲光緒二十八年。但書中却出現了兩篇作于光緒三十年仲春的記文。一篇題名《蓑笠救圩圖記》，作者劉錫爵，光緒十九年曾爲楊金龍就任江寧城守協寫過贈序。另一篇題名《掘井碑記》，陶熾昌撰，記載的是光緒二十八年冬，因天旱水涸，楊金龍帶領營兵于城中掘井三處之事。南京至今沿用的『楊公井』地名即緣于此。由于時間重合，光緒二十八年冬刊刻的書中未及載此善政，故陶熾昌日後又進行了補充。這兩篇增補記文并未出現在目録中，可見内容增補後未更新目録，扉頁亦未作改動。

《金陵全書》收録的《江南善政前後匯録》以南京圖書館藏清刻本爲底本影印出版。

羅曉翔

楊東明江南善政前後彙錄

若耶陶煜光署面

光緒壬寅冬月重鐫

板存會稽陶𢈔

楊軍門小影

小影讚

巖巖道貌靄靄吉人威也可
畏和也可親權秉乎秋令行
乎春富不潤屋德乃潤身澤
周南國拱比北辰是凌烟容
是社稷臣

錢唐費鼎拜題

紉神九空行氣如虹粹呂象外恃
嶽靈鍾乃公王室揩柱南東廿年
汗馬十載提封碑思妍子承德
楊公蒼生社稷父母允戡犖哉
微古之名將詎足方此英風
溧水張永璵拜題

送赴江甯城守協任序

古今論名將者豈外乎起翦頗牧哉攻城略地有奪人之聲威扼要守關有靜鎮之膽略龍門長篇累牘大書而特書然而德未及於地方恩未施於百姓顧以名將而有循吏風者惟我

鏡崖軍門兼而有之

軍門湖南邵陽楊氏望族也歷代多隱德太公在鄉里人稱為長者因許其後世必昌

軍門生有奇骨幼受詩書過目多穎悟然不能守章句

國家圖書館藏

貧故不能卒業及壯値髮捻苗回蹂躪中原勢張甚
軍門乃慨然曰男兒宜以功業濟四海除盜安良轉危
爲安庶不負此一生也時不可失遂辭家人投筆隸名
軍籍隨駱文忠入川以戰功奬六品職尋仗劒從左文
襄勦賊於閩克復漳州龍崖槍林礮雨中常爲諸軍鋒
文襄調督陝甘隨之轉戰於秦隴收復宜川巨壘蕩平
金積堡以及攻克西甯肅州等城
軍門每每拔幟先登身帶重創有進無退由是衆服其
勇猛而文襄尤嘉爲萬人敵勛名駸駸昭著矣今爵宫

太保湘鄉劉公督軍出關當是時
軍門領偏師克復古牧地烏魯木齊迪化州達坂城託克遜吐魯番各城隘考功　奬頭品頂戴記名提督未幾安集延布魯特犯邊
軍門揣度敵勢冒險以進踰冰山度雪海方隆冬嚴寒部下健兒有懼色
軍門輒徒步爲之先士卒不敢違尾隨之及至寇營果無備一戰大捷敵敗北歸老巢至今十數年不敢生覬覦之心矣文襄瀝陳

軍門之才略膽識　詔嘉獎換年常阿巴圖魯賞正一品封典今上九年法蘭西冦臺灣時文襄督兩江奏軍門將恪靖親軍仁營往援閩撫劉省帥雅知軍門湘軍宿將一見如平生歡檄令統領仁毅湘練等軍專防嘉彰海口微威望夙著能膺此長城腹心之寄乎

軍門佈置周密慎以防之靜以鎮之無可乘之隙防地晏然已而剿辦生番鑿山以成路破釜以進兵撫剿兼施露布報捷平生大小數百戰戰無不勝攻無不克蓋

料敵出奇所致耳此

軍門戰績之大略也

軍門在西域一切設施均爲人所不能爲商民懷德感
恩迄今稱頌不衰臺灣素無石徑泥污沾濡險阻如蜀
道行人苦之而餽運餉械亦多滯礙屢經委員舉辦績
用弗成

軍門獨任其難數月蕆事數百里周道如砥坦坦平平
及至滬上始將畯隊一營才三百人見滬南人煙稀少
荒涼不堪即建議創建斜橋至高昌廟之馬路便轉運

三

而廣招徠居無何買地購石採沙經之營之大功告竣復解囊購楊柳密植於道之兩旁青青垂蔭行者叨其庇焉既而商民鱗集房屋雲屯居然蒸蒸日上向之求售無主之地翻然變爲奇貨矣本城內外河道雖頻年疏浚而限於經費人力未能大辦以致旋浚旋淤河底幾幾乎高墊平岸春夏盛漲猶虞乾涸況秋冬水落乎商民備天雨以供食飲設遇久晴富者備重值以購江水而貧者饑渴交至至於有事城守可慮猶餘事也

軍門籌畫決因其勢而利導之畚鍤齊施法良意美駐

工指揮夙夜匪懈不畏難不避怨纔成其大功焉又興修高昌廟至龍華之馬路費省而工堅以勞永逸此留心地方民事之大略也大抵見道路之貧困饑寒及聞各省水旱災報輒吁嗟太息若躬在流亡必舍已以周濟之得其拔水火而登之袵席者指不勝屈御下功必賞過必罰無苟且瞻徇雖軍令嚴肅人服其公廉樂爲之用事親盡孝待手足極友愛怡怡如也於族戚友朋尤義薄雲天傾囊相助無幾微怨悔之語豈非慈祥愷惻篤於天性哉此爲人處世之大略也先是忠信兩營

已成努末
軍門接事之始勤加整頓力除弊竇修營房浚濠溝壁
壘一新旌旗變色未雨綢繆緩急足恃見之者以爲細
柳軍威不是過也至於行師布陣古法中參以心機神
妙莫測文襄曾忠襄暨今督憲峴帥皆有才略出衆之
薦　上領之命存記遇有提督缺出請　旨簡放云云
顧
軍門忠孝勛績既如彼而裨益軍民又如此以名將而
兼循吏篤乎起翦頗牧之上誠其然哉誠其然哉茲聞

其將去此以蒞江甯某等悵悵惶惶若失慈母自恨滬人不能長承其澤矣欲效卧轍攀轅河內借寇然承平之世非英雄用武之時且與其利一隅不如利一省故中輟玆備萬名傘德政牌匾去思碑以誌不忘云爾

軍門在滬久尤與滬人習將行亦有依依難舍之狀竊願　朝廷徵訪其名績遂及時用之加之以簡畀作中流之砥柱爲半壁之長城俾一展其抱負必能濟時之艱危而使東南同受其福此朝夕所虔禱者也於是乎序

光緒癸巳冬上海紳士商民等共撰

送之江甯城守協任序

自古國家之盛衰治亂以用人爲準繩天子爽明用賢大臣舉文武才以治兵民各盡其職任利興而弊除民安而軍整久安長治天下晏如也大臣倘不得人其害豈可勝道哉夫吏治之不清由於上行之不端學術之不正一朝傲倖臨於民上任意殘虐而朘削之民生寃苦無可告訴一遇奸雄煽亂其不弄兵潢池者幾希軍政之疲敝由於將領之貪黷賞罰不公隊伍不整文武相因爲害靡恥不生於心安危不關於慮積重難返有

不禍亂旋踵者乎　聖清受命設文武科舉以取才文用制藝意將天下游於詩書禮樂之途武則取其力能勝人也然而學者以此特利祿之階所謂文者徒獵其菲而去其實不能體行聖賢之道德聲趨於浮詭虛誕先王之禮教蕩焉所謂武者徒然挽强引重而不考求智勇之有無相沿日久牢不可改悲夫馴至紀綱益壞吏治益荒軍政益頹乃有洪秀全揭竿而起捻苗回應之維時內而政府外而疆臣節鎮席承平之業風聲鶴唳無所措手足既無能戰之將復無可戰之兵豈非所

取非所用所用非所取之害耶任賊寇之披猖其禍徧於天下黔首編氓不罹兵革之慘者葢無幾矣天既篤生胡文忠曾文正忠襄左文襄平時薄視利禄之學恆究心於經濟尤以物色人才爲急務以致魁傑英俊景附雲從編營制籌兵餉壁壘一新削平羣醜奠危如纍卵之天下於磐石之安豈非用人之效歟

鏡巖軍門文襄舊部也平閩平粤平秦平隴平新疆無役不從每戰爲諸軍冠縱衆寡不敵視之蔑如也輒匹馬單槍陷賊陣横衝直突若無人境所向無不披靡攻

城襲營出奇取勝敵往往駭爲神兵劉毅齋爵宫太保視爲祥麟威鳳文襄以大器期之光緒初法蘭西搆兵垂涎臺灣而臺灣求援於兩江文襄計海外戰守倍難於內地非洞悉中外謀勇兼優者不克勝奏

君將仁營往援閩撫劉公獨於

君不畛域視優待之檄令統領仁毅湘練等軍專防嘉彰海口棋布星羅猶山之有虎水之有龍法故不敢越雷池一步欵定後積勞成疾辭兵事過江南忠襄一見奇其才慰留之俄而應

詔力薦才略令將礮隊營迨

新甯尚書三督兩江念時勢多艱欲得指臂助諮同僚訪輿論覘昭昭之事蹟聞嘖嘖之頌聲遂檄統忠信兩營而以磤隊隸焉奏舉將才

君首膺其選有頃調署城守協兼統新兵五營

君在遍有便於民益於公者必竭力為之先是斜橋達高昌廟以至龍華行人歌蜀道之難

君一律修成馬路仄者寬之低者高之平平坦坦無阻無虞復捐廉購樹徧植道左右廿里垂楊輪蹄不斷桃源仙境無以加茲房屋駸駸增多人煙輻輳地直較前

三

何止倍蓰羣德之城內外河道淤塞商民食飲無所取
且污穢薰蒸人多疾疫
君憫之盡數月無分日夜之心力挑寬浚深從此淸泉
流暢食德飲和其關心民瘼類如此倡捐敦義堂置恒
產購義山大凡道路貧乏之者賑濟之饑寒者衣食之疾
病者醫藥之其餘樂善好施不可勝紀任軍矛礟之間
雜陳經史恂恂有儒者風訓士卒以忠義娓娓淸談聽
者忘倦與下同甘苦恩威並濟有功予以破格之賞有
過懲以應得之責人服其公明兵無一名之缺糧無一

日之懸所至秋毫無犯民不知其有兵與三代之師無異從戎三十餘年所獲薪俸不資而家才儋石之儲何也蓋散給手足族戚友朋故耳行期指顧滬江士大夫以及兵民詠甘棠之遺愛石泐去思余則喜不成寐何者知

君雅抱不凡雖屢獲小試然施焉而未閎耀焉而未光惜哉峴帥老成謀國汲汲求才將拔之以大用此行洵千載一時

君勇於有爲必不存五日京兆之見既不操之過急復

不因循苟安除綠營之陋規改良以湘楚軍之法度因時地以制其宜將來戰勝攻取守尤游刃有餘而更宜借箸以籌一發其蘊蓄善政力替[贊]之弊政直諫之舉賢才退不肖向使一旦有事俾戮力同心共奬王室果爾君眞不負文襄且不負平生矣余與君交以道臨別應有贈言故效杞人之憂兼盡切磋之道　高明能不河漢斯言乎

癸巳冬瀏陽斐如劉錫爵序於春申江

江南善政前後彙錄序

文臣智耶武臣勇耶要皆非仁不爲功仁者必有勇聖有明訓矣又曰勇者不必有仁而又未嘗曰仁者必有智則智勇不必仁仁勇又不必智理或然歟然而智於五行爲水仁爲木無水則不能生木大水始能生大木則大智始能成大仁大仁者能生當生之人即能殺當殺之人日日不必有當殺之人而無日不有當生之人此在牧民以仁者猶或難之矧在督軍以勇者耶今乃見

楊軍門之善政而心服其以智勇行仁也方其弱冠從戎身先士卒轉戰數省二十餘年望重威尊潛消反側其大勇其剛其見所不待言而　劉忠誠薦牘稱其嚴而有恩通而能介嚴與介皆從大勇出通則智也恩則仁也仁之德充滿於其心隨地發舒不僅以加恩諸營限於是諸善政次第舉焉歲辛丑江潮幾破沙洲圩軍門親督軍士堵塞其衝復於危險處增築塌流圩中萬戶得以無恙又於城中患水諸處按戶口給貲糧曉夜不憚勞全活甚衆金陵鈔庫街延袤五六里兵燹後

磚石毁碎傾側雨尤泥濘行人患之
軍門獨力修整周道如砥塗有頌聲他如植柳比甘棠
則白傅之遺風也造河橋以濟人渡則輿梁之惠政也
修九眼井井養不窮民至今便汲又嘗宣力於昭忠祠
宇俾歷年没於王事者英靈棲託雖没猶生以此風厲
戎行仁而智矣嗣又設立練兵學堂豫儲干城選以備
不虞尤屬仁術之大者豈徒以大勇稱哉雖軍民感激
紳士欽佩聯額歌詠發於至誠足以信今傳後而
軍門欿然不自足其行仁固無已時然則

軍門勇於行仁大仁實由大智出葢人生幾何惟德行靈光抗衡前哲焜燿後來諺有之當權不肯行方便如入寶山空手回

軍門見及斯以不忍人之心行不忍人之政縱不圖報而受惠以及聞風其能忘耶竊謂以智勇行仁郎以武功兼文德他日任封疆良無愧色復能於因文見道者取器識文藝而振拔之使得以雍容儒雅漸化囂凌爭競之薄俗各本仁術以成其智勇之材則所謂友其士之仁者聖人所謂爲仁之器也

軍門必優爲之其所以贊成善政廣沛仁恩者又奚可量耶夫近世爲當道綴文頌而已矣頌德而又期以日進無疆此則古人之厚誼以厚誼答厚誼禮經謂之愛人以德尤心佩德量者所拭目而樂觀其繼也是集也由力行而仁以大由好學而智以大智仁備而大勇生焉其具三達德而行之以一者歟

光緒壬寅小陽月會稽陶方琦謹敘

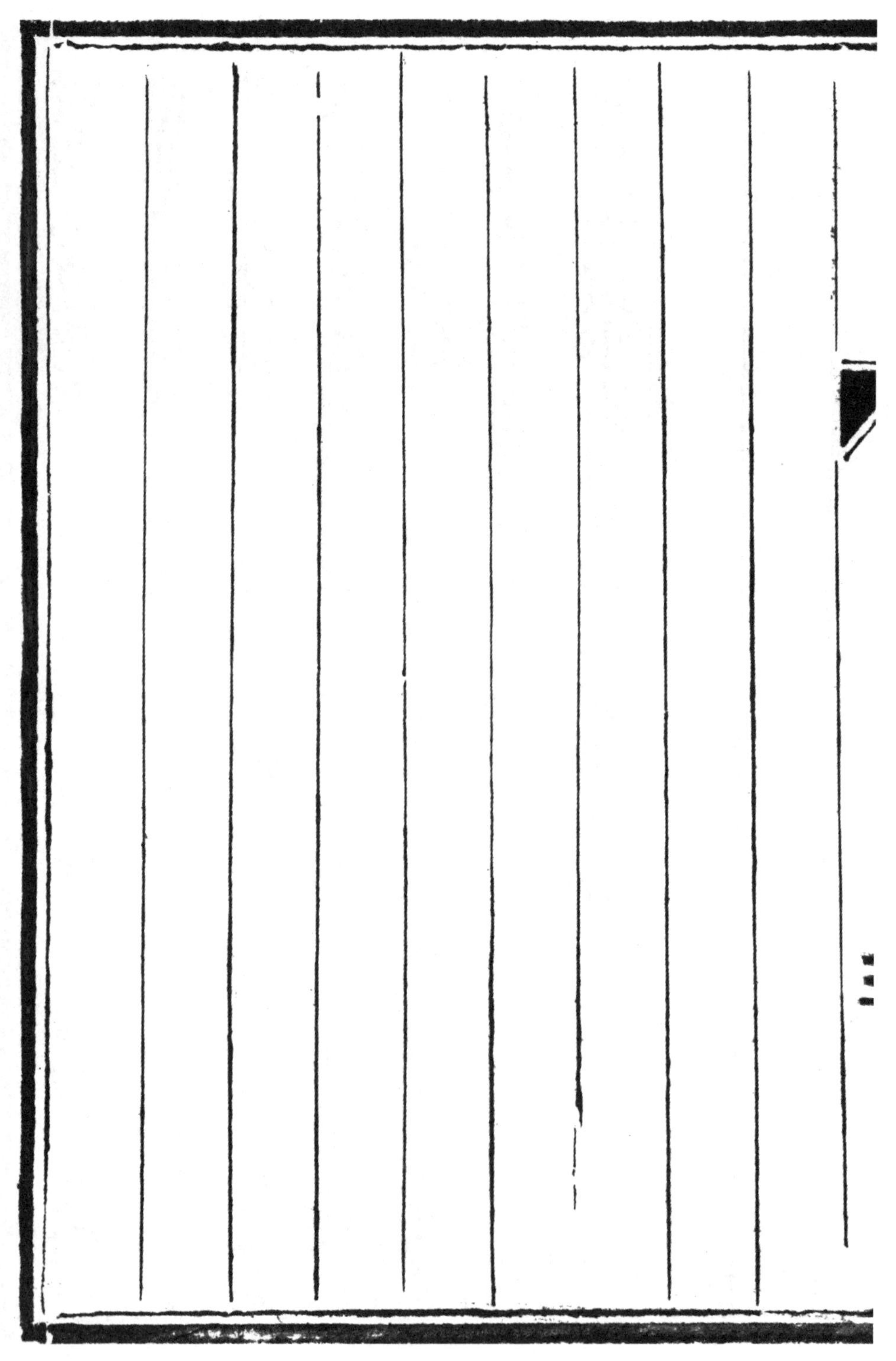

序

由古荆州西南行五百餘里崇山蜿蜒流水清漪葱葱鬱欝仰矚鹿角俯瞰砥柱横朗及於數百里其氣磅礴凝積恒鍾於一二人以宣其蘊蓄若李節愍諸君類能以循聲茂矩儷嫓于朱仲卿黄次公蓋扶輿孕育所發必資于人以廣其施設而其人之德業聞望又足以應其所資而善其所布故所稱道能百世而不衰然其所資于一二文人循吏其所規爲固彪炳如是豈知富媪之奇越千百年而大變其局其氣之鍾不必在文人

循吏而經濟則軼而上之如我
楊公鏡巖軍門者其治績固彰彰也
公之敷布於金陵若築圩若建橋若修路若植柳若葺
祠若挑井其最著者則又若平糶米之役率皆以毅勇
誠摯之性貫其中而奏其效孔氏所謂見義不爲無勇
也我
公實能矯之其所以致四民之稱頌者殆實至而名歸
歟夫婦孺之愚尚非淪浹其心不足以生其感矧夫峩
冠博帶之士持鋤握算之徒靡不驩欣踴躍聞名而忭

儛頌德而謳唫則其所以致此者實文人循吏之所難

而

公指揮而坐致之其經濟爲何如哉今吾儕爰集頌德

諸作遂稱頌焉而不能置者良有以也蓋士民歌詠之

懷藉此稍攄其萬一且使世之慕

公者在此而我

公之于李康二君則又能繼其美而善爲其難以洩夫

山川之秀其尤不可及已故樂而爲之敘

光緒二十八年十月新安石淩漢拜序

江南善政前後彙錄目錄

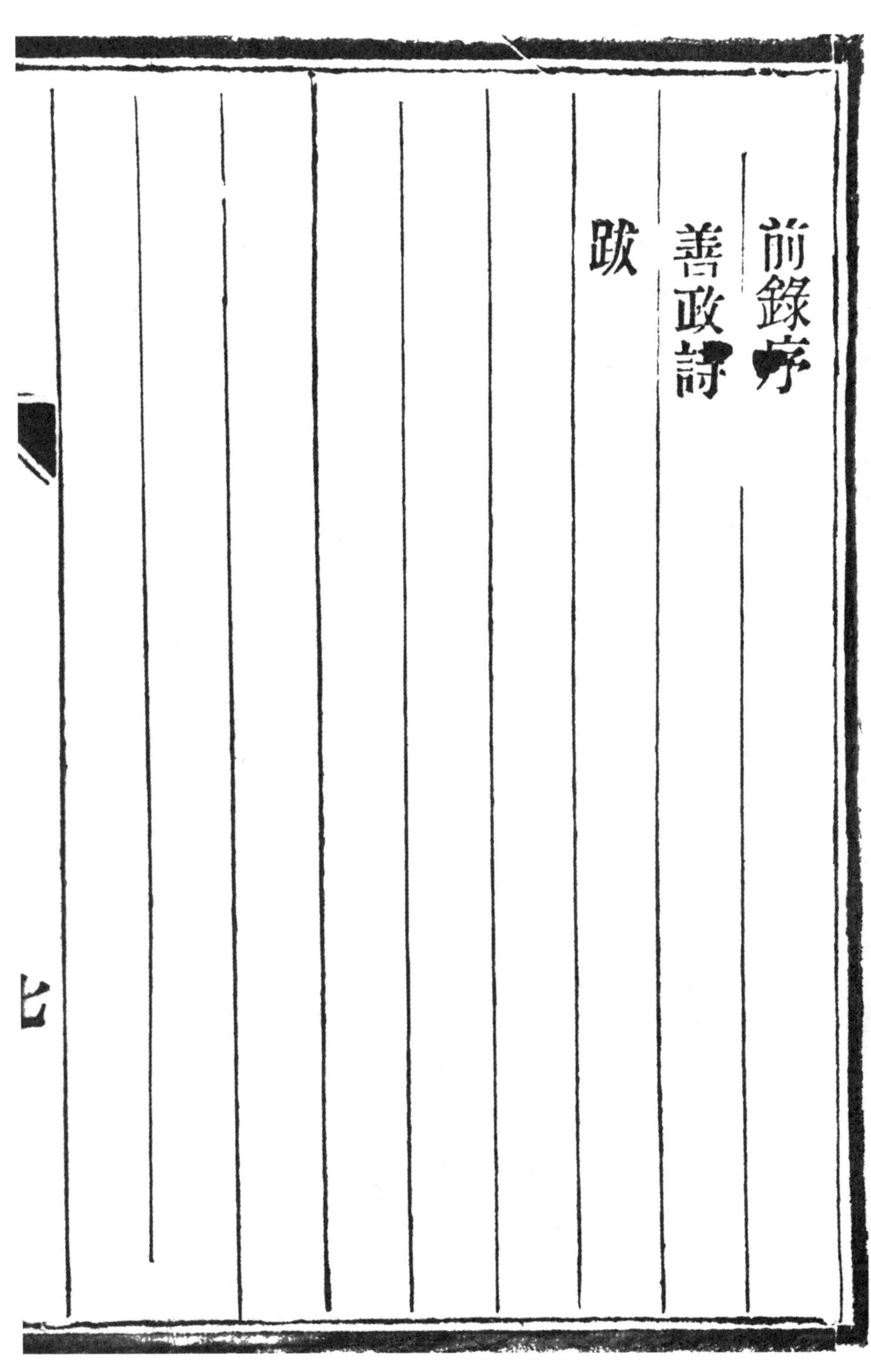

頭品頂戴記名提督軍門總統南洋續備護軍全軍節制巡警新兵衛隊督捕等營金陵炮台督標水師左營江南福山等處地方水師總鎮年常阿巴圖魯楊軍門事略攷

鎮軍名金龍字鏡崖楚南寶慶邵陽縣人同治元年投入定武營隨剿出力奬給六品軍功四年進剿閩浙克復漳州龍巖永定漳浦雲霄詔安各城池並攻拔賊壘擊退悍賊肅清全閩保以把總儘先拔補賞戴藍翎七年攻克陝西宜川縣雲巖鎮巨股賊匪堅巢生擒賊目殲除餘黨保陞守備並換戴花翎九年迭次擊退大股土回攻克賊巢陝省全境肅清保陞都司儘先補用並加遊擊銜是年改投老湘軍隨營攻剿十年盪平金積

堡賊壘甯靈肅清保陞遊擊留陝補用並加參將銜十一年攻破西甯小硤等處要隘力解府城重圍案內隨摺保　奏奉　上諭免補本班免補參將以副將補用並賞給强勇巴圖魯名號十二年克復肅州關隴一帶肅清案內隨摺保奏奉　上諭補缺後以總兵用並賞給正二品封典欽此光緒二年管帶老湘中軍馬隊出關攻克古牧地堅巢克復烏魯木齊廸化州等處城池案內保奏奉　上諭免補各本班以提督交軍機處記名遇有提督總兵缺出請　旨簡放三年攻

克達坂城及託克遜賊巢並會師克復吐魯番滿漢兩
城案內保　奏奉　上諭著賞加正一品封典欽此
四年克復南路西四城回賊一律肅清　賞給頭品頂
戴五年追剿犯邊賊酋並叠次剿辦陝回及安集延布
魯特各逆匪　賞換年常阿巴圖魯名號九年　前兩
江爵閣督左　奏留於兩江差委借補借署是年冬管
帶恪靖親軍仁營由江南渡臺駐防要隘十年秋法夷
犯臺統領仁綏湘練等營專防嘉義彰化一帶海口後
奉調赴滬尾前敵助剿十一年復統領仁綏等營駐紮

二

臺灣府城一帶海口要隘因臺北解嚴案内交部從優議敘是年七月兼統岳字各營並安平砲隊從以臺北解嚴案内照三等軍功加一級十二年會同署臺澎掛印總兵章鎮由嘉義縣屬辦理開山撫番事務因受瘴患病内渡回甯供差十三年　前兩江爵督曾專摺奏保堪勝實缺提鎮奉　硃批著交軍機處存記欽此十四年管帶上海機器局砲隊十七年統帶督標親兵忠信兩營兼統砲隊等營十一月　前兩江總督劉專摺具　奏智勇深沉操持廉正特保提鎮奉　硃

批著交軍機處存記欽此十九年署理江甯城守協鎭並統新兵五營二十年因前在軍營打戰鎗傷左膀矛傷右腿奉旨免予騎射六月調署兩江督標中軍協鎭並統新兵護軍等營十月統領新護軍營隨前兩江總督劉北上並管行營中軍事務兼統護軍親軍二十一年督隊到關九月奉飭率隊回甯二十二年署理江甯城守協鎭兼統護軍新兵等營三月前兩江總督劉奏保堪勝實缺提鎭奉旨留中四月前兩江總督劉以辦事勤奮才略優長堪以借補江甯

三

城守協鎮具　奏奉　旨依議欽此二十三年前蘇
撫趙大閲營伍以曉暢戎機剛潔自愛保　奏奉
硃批著照所請兵部知道欽此丁酉正科江南武闈鄉
試充西闈會考官二十四年　前蘇撫奎遵以知兵之
員保　奏以有膽有識堅毅嚴明實爲諸將之冠奉
　硃批着來京備　見欽此　前兩江總督劉酌保提
鎮大員以備　簡用一摺以性情甚篤膽識兼優御衆
嚴而有恩辦事通而能介凡　國計民生所系莫不勷
勷懇懇實力舉行尤復肯顧大局保　奏奉　旨留

三

屮二十五年調署江南福山總鎮六月奉電傳　上
諭著補授江南福山鎮總兵欽此二十六年　前兩江
總督劉電調赴甯委統護軍等營並節制新兵等營並
親軍小隊七月奉　上諭黃少春着來京　陛見
着福山鎮總兵署理長江水師提督所有水師訓練事
宜即着該署提督認眞整頓以固江防勿稍懈弛欽此
九月奉　旨黃少春著暫緩　陛見欽此照行欽
遵是月總統元字三營衡字四營並節制金陵各砲臺
事務二十七年八月赴日本閱操十月回營二十八年

節制三大營並總統水陸各營事務歷年以來軍務之暇國計民生時縈寤寐查自光緒十九年到甯任江甯城守協鎮其爲民捍災嘉惠黎庶種種善政不一而足爰舉其最著者如二十四年搶米之役冒暑提兵保衛良善備歷艱險而不辭二十七年禦沙洲圩水災該圩大江環抱潮水泛溢幾遭淹没幸蒙督其神勇竭力堵禦圩賴以安民俱無恙其餘如植柳樹以護馬路造橋梁以惠行人濬名泉以存古蹟掘巨井以禦旱災修祠宇以安忠魄設學堂以備干城救火難以爲保護防

水患以恤災元略舉數端筆難盡述涵濡所被枯木生
黄大澤如春民歌樂只則
軍門之盛德固與鍾阜同高夫爲善雖不求名而修德
自然獲福是以　壽母康健猶侍萱闈　喆嗣盈庭鳳
毛濟美他日天驥呈材定爲盛時　國器猗歟休哉方
興未艾紳等同居仁宇共沐鴻恩一切善政均係目睹
身受是以銘心刻骨感激無窮爰將
軍門在甯仁心仁政據實直書而區區數言恐未足以
盡其閎深也識者諒之江甯王治乾謹誌

王生論人鮮稱許胡乃心折楊將軍丹青寫照旣工絶
更爲啟事徵詩文功名久矣載青史餘者詎足勞牙齦
捍災禦患古所重保我萬姓誠奇勳今夏水災遍吳楚
秣陵附郭波澐澐沙洲古圩勢欲潰迫急呼救誰恤慬
將軍心惻奮然作羆虎鸛鵝駈其羣荷蓑荷笠涉危險
揮鋤揮鍤紛如雲長隄視昔高且固千家萬室同歡欣
驚濤汨沒在呼吸得不歌頌將軍勸牽羊擔酒犒軍士
刻石紀績情倍殷漢塞宣防明高堰潰決補救安足云
吁嗟盛事視此冊續堂振古流芳芬

光緒辛丑重九後二日

步先仁兄大人屬題　子安謝元福

也不畫輕裘緩帶也不畫鐵馬琱戈也不是赤腳大仙也不是鐵面閻羅也不是戲蟾劉海也不是渡江達摩也不是鍾馗斬鬼也不是天師降魔也不是金甲韋馱也不是笠屐東坡是翁嬰鑠老子婆娑你看這老將軍鬚半白猶微皤仙戴兩笠披煙簑赤足踏泥塗赤手挽江河爲國宣勞身先貔虎爲民請命手斫蛟鼉比那雲臺廿八功臣比那瀛洲十八學士功德及民多

這

老將軍總算對得住　朝廷對得住皇天對得住百姓啊你替那

老將軍畫一幅行樂圖我替那衆黎民唱一隻道情歌

壬寅三月琴志樓人易順鼎

野宿貔貅萬竈寬將星長自照江干五雲近日三吳迴一雨成秋六月寒山漲喧豗平繡壤將軍簑笠縱雕鞍長圩堵決關生殺功視東川事猷難

辛丑秋日甯鄉傅紹巖敬題

二

江漢湯湯我武維揚恩威功德
將軍惟楊
將軍之恩電沮雷威
將軍之威蛟慄鯨殭勞
將軍功聲茲南疆歌
將軍德以災爲祥豐年穰穰是錫之康簔笠俁俁須麋
堂堂民樂更生奉之瓣香嗟乎滄海横流披猖
將軍釁鑠蔚爲家邦
紫光畫像厥功益張

光緒壬寅五月作

楊將軍贊　　貴池劉世珩葱石題

楊侯勛名超衛霍百戰精神彌矍鑠運甓常同將士勞
枕戈早裕匡時略江東雄鎮資保障細柳餘陰徧城郭
夏來霪雨苦連旬河伯遂助天公虐洪濤十丈嚙堤根
呼吸田廬變谿壑連邨萬眾歎其魚如傷誰復憂民瘼
將軍惻然投袂起躬督黿鼉禦蛟鰐屏斥兜鍪御簑笠
解除劍佩親鋤钁淋漓跣足衝波立甬鍤雲屯齊踴躍
須臾堵築復完固豐收遂可期秋獲掀髯一笑策馬歸

萬民拜舞同欣樂我今披圖敬展覩颯爽英姿想褒鄂王尊誓保金堤固武肅怒射江潮御公今勤民扞災患方諸古人復何怍欲將盛德細揄揚愧無健筆同虞駱感恩已浹人肌髓萬家生佛口碑作此啚詎足盡公榮祝公身到凌煙閣

辛丑秋九月朔小姪李多節敬題

簑笠紆尊衆望傾來蘇相慶迓干旌横流忍睹其魚困破浪羣隨匹馬行力與波爭身資捍柱編氓虔

還期激厲同袍誼擊楫横江誓永清　攬轡江干詠載

駿長堤無恙亘千尋壤歌已自安耕鑿輿論猶聞述德音捍海勛名同頌仰平原繡像紀恩深寫生妙手傳神筆難寫勤民一片心

辛丑秋日新化歐陽謨敬題

漲盛隄危奈若何矧當風驟雨滂沱恤災徒跣躬簑笠拯溺爭先奮鸛鵝壯士囊沙期日畢編氓食德歷年多偏隅保障關全局銅柱勛名邁伏波　民瘼關懷豈市恩狂瀾百丈氣能吞希文憂樂平生志師德廉勤古衛存未許蛟鼉妨稼穡羣欽砥柱鎮乾坤近郊碑立三千

戸應有高丈著國門

世再姪李振鐸敬題

聞道沙洲勢欲摧合公旌旆救圩來夙嚴軍法如山峻
忍使隄防受水災駭浪驚波三舍退簑煙笠雨一鞭催
精誠不獸江神感鍾阜癡雲亦展開

光緒辛丑中秋後四日

鄉晚生劉楫瀛敬題

簑衣蒻笠冠羣英匹馬如龍破浪行力挽桑田不成海
志存民命欲屠鯨連宵甲帳同衝雨滿地哀鴻發再生

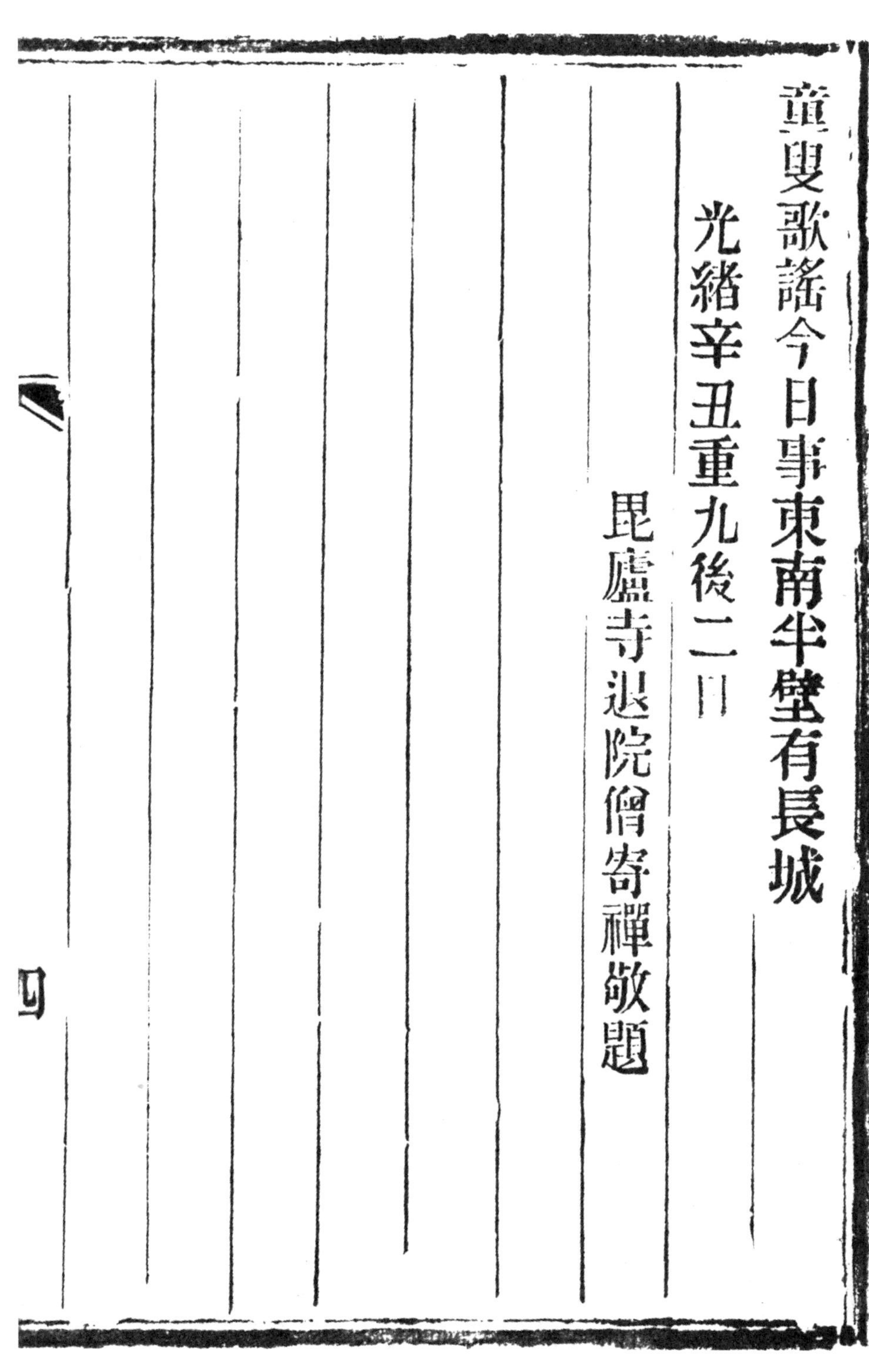

童叟歌謠今日事東南半壁有長城

光緒辛丑重九後二日

毘廬寺退院僧寄禪敬題

蓑笠救圩圖說

天下安注意相天下危注意將將相之生天爲斯民計至於生才之大小視世變以爲衡晉有五胡之亂則劉祖陶温生宋有金人之亂則韓岳劉吳生不特此也歐洲有拏坡崙之亂則鼐利孫惠靈吞生有爵意拏坡崙之亂則毛奇生大凡有肇亂危國之敵則生抵禦興國之人勢所必至理有固然方今列强虎視鼾睡於卧榻之旁種族之分彰明較著豈非亘古未有之大變將來難免之厄運哉以古方今必有名世挺生撐持危局然行遠自邇其人必平時遊乎仁義之途恐一夫失所赴

又四

湯蹈火而拯之風聲所播名譽益揚固結人心牢不可破以之禦侮何侮不摧以之治民何民不樂

鏡嚴軍門其庶幾乎救圩圖可見一斑惜乎或吟咏以詩歌或撰述以贊頌隔靴搔癢渾含影響不甚透徹詞人稟曰大抵如斯久之恐人視爲子虚烏有實事不彰兹特就事論事不尙鋪張藎紀實也辛丑夏長江水漲低窪概成澤國金陵上新河沙洲圩連阡累陌戶口殷繁連日霪雨爲災水勢繼長增高隄身岌岌

公聞之愀然曰民以食爲天國以民爲本夫見義不爲

非勇也聞死不救非仁也乃帶隊星馳而至當是時也迅雷疾雨洶湧澎湃勢成漫隄哀鴻徧野老幼皆悲一片哭聲與雨聲水聲相唱和慘哉危矣滂沱浩渺人力難施部曲趦趄有難色

公見事急卸去衣冠戴箬笠披草簑著芒履先冒危險奔馳於洪濤駭浪之中有輕性命如鴻毛之概部曲感奮乃不辭勞瘁踴躍隨之畚鍤齊施拌命救護既而隄愈高水愈下是何異舟沈復起花萎重開耶是舉也班將卒購稽料所費將及千元捐廉供給不費公家一錢

五

向使非

公關心民瘼胞與爲懷則全圩民命有不果魚腹者乎其禾稼全没更無論已一髮千鈞關繫重大似此仁而愛人應卜功業遠大此特權輿耳日後必與前人相頡頏覽是圖者無以簑笠執鞭與波濤相衝突者爲田舍翁實痌瘝在抱舍己從人之仁者也

公嘗亦相對掀髯而笑曰是吾耶非吾耶願質之識吾者

甲辰仲春瀏陽斐如劉錫爵記於求志齋

善政匾額

標下奇兵遊都守等恭頌

裘帶雍容

標下督標城守奇兵副參遊都守千把外委額外

等恭頌

李郭風清

標下督標中左右三營候補參遊世職千把外委

等恭頌

愛依冬日

標下江甯城守左右兩營千把外委等恭頌

澤被三軍

標下候補副參遊都守千把等恭頌

𨽻隆柱石

治下紳士商民等恭頌

功同汲鄭

江蘇安徽江西三省典商恭頌

仁言利溥

標下期滿武進士武舉等恭頌

績媲韓范
治下晚生等恭頌
謳歌載道
治下南城外米業士民恭頌
威總戎樞
治下城中城北米業同人恭頌
恩同再造
治下水漢西門城內外米業同人恭頌
江東砥柱

七

治下西陽村士民等恭頌

武惠遺風

治下紳董等恭頌

儲材幹國

治下紳董等恭頌

保障宣勤

金陵紳民公立

楊公德政碑

碑立碑亭巷口

善政對聯

沐恩標下三營候補遊都守千把世職等恭獻

秉鉞登壇分旄制閫本說禮敦詩懷抱發爲韜黔草木

識威名千里江淮資作鎮

巡營挾纊愛士投醪仰輕裘緩帶風流咸欽表率父兄

感僕射三軍羆虎共騰歡

治下紳商士民等恭獻

令肅媲秋霜猶想見武穆精嚴鄂侯矜重

恩周同冬日應未減北平休養破虜慈祥

江蘇安徽江西三省典商恭獻

紫閣載圖形試溯虎冑聲華學紹關西澤流淮北名震
江東鍾衡湘間氣威鎮中樞轉戰歷秦楚閩臺方叔鷹
揚稱健將
白門資保障高建龍襄旂鼓惠周行旅恩恤飢黎業安
商賈作帷幄重臣蔭留大樹謳謌遍豫章蘇皖合公駘
背晉元侯

治下紳董等恭獻

練多士以宣防忻看步伐止齊共嫻韜畧幾輩才堪儲

虎將

藉忠祠而肄武俾可激昂慷慨凈掃欃槍他年功許紀

麟台

治下紳董等恭獻

是衡嶽間氣所鍾爲大將爲名臣法令肅三軍約束練

師成勁旅

紹關西家聲而起亦經文亦緯武勛猷震一世深培柳

蔭徧江南

種柳碑記

上元舉人試酉候補知縣吳鳴麒撰

金陵六朝以來臺城柳最著名唐人詠古猶云烟籠十里當時倡條冶葉左縈右拂遊人過客車馬馳驟綠雲青靄之間可想也今臺城蓋有明臣存蕭梁之舊者城郭皆非楊柳安在昔之濃陰密蔭變爲枯木朽株亦已久矣今豈意

鏡崖鎮軍所種柳乃遠過臺城十里也乎

鎮軍名金龍湘之邵陽人鏡崖其字也先是光緒二十年中東失和　兩江制府新甯劉公奉　命出榆關

督師　上諭南皮張公來署理南皮見省垣凋敝亟思興復舊規城中可築路通車馬者起自下關江沿入儀鳳門經鼓樓過成賢街擬迄四象橋以東四象橋八極叢密路寛築必多毁民居會工未竣　新甯自榆關歸以毁民居不便改道從花牌樓東迤至通濟門止者凡十有五六里當路之新成也路旁童然無雜蔭遊人過客車馬馳驟赤日中於時

鎭軍官江甯城守協鎭　新甯語之曰若知昔陶士行鎭武昌有課諸營種柳故事乎今下關至通濟之路極

空闊若夾道種柳可三年蔭及行人矣曷以爲課
鎮軍謹諾於是召部下諸健兒即於是年之冬就柳取
條十餘萬分按尺寸植路兩旁整齊劃一約十柳樹間
一冬青明年春柳皆生黄經夏條葉漸𩊠踰一年婆娑
弄翠又踰一年綠陰垂街然後自下關至通濟之路凡
十有五六里車馬馳驟莫不行綠雲青靄之間遊人過
客自是感　新甯制府暨
鎮軍不已而
鎮軍則已奉　恩命補福山總鎮去江甯江甯人士

請碑記種柳始末貽諸脩治乘者以示無忘余曰是足
記矣抑　制府之任
鎮軍蔭吾江甯者甚大種柳又小焉者也請即近事言
之往歲五月省垣米大歉外郡縣亦歉歉之故不可言
至於歉民間持錢則無所市米於是豺狠不逞之徒乘
勢糾結行刼米之事市爲之閉迺城譁譟蟻屯蜂集不
可驟解少緩禍且不測　制府亟飭
鎮軍彈壓　鎮軍倉遑上馬左手奉　王命右手握
大刀督小隊二三十人疾馳南北米市之所見刼米之

衆大呼曰若皆非刼米者空手速散毋玉石俱焚也刼米者立斬令　王命在手矣衆始紛紛驚駭各鳥獸散自是南北彈壓凡十餘晝夜袍袴不暇易表裏盡濕皆汗云是役也外郡縣刼米與省垣同日蓋由不逞之徒結會聯盟約期並舉以冀蔓延成勢向非　制府之善任

鎮軍　鎮軍不負　制府之委任則省垣根本之地先揺撼外郡縣匪人應之不測之禍有不瞬息立見者乎然則後之購米平糶得以接至秋穫無他患者爲蔭甚

大故曰種柳又小焉者也雖然
鎮軍去矣吾江甯之人感
鎮軍則愈感　新甯之善任人思其人愛其樹是柳也
其爲人愛惜者當何如也
光緒二十六年春三月江甯紳耆敬立
江甯舉人朱逢咸書
碑立松濤巷十方菴内

重修昭忠祠碑記

安徽候補知州婁國華撰

嘗聞莫爲之前雖美弗彰莫爲之後雖美弗傳是說也則有如我

楊公鏡崖軍門之重脩斯祠固光前耀後無美不備矣溯自粵匪佔踞金陵十稔之久中間士大夫與夫將弁死事者十餘萬人省垣克復　前督兩江曾文正公羅列忠藎上告　朝廷飭建昭忠祠列春秋祀典載江甯府志其嘉慰忠魂誠所謂專美於前者也洎承平日久廟貌失修各主位有遺失者乙未春華從山海關歸

三

瞻拜斯祠追祭先祖竟不知主牌何日失去乃鳩工補立不數日復來致祭而所補之牌又不翼而飛矣噫嘻華一家之祖牌如是此外所遺失者正不知凡幾去年春京師以義和團亂天下震警省城戒嚴　新甯劉宮保乃調

福山鎮憲楊鏡崖軍門移節於此我

公前在金陵時市面饑荒白晝搶米人心惶惑

公迺親出梭巡得保乂安又復修路栽樹凡有益於民生者無不毅然捐廉以成之

公之功德在民固已無微不備矣　新甯劉宫保美其
功復檄調來省鎮領水陸各軍
公以各軍操陣未能盡善遂延教習改演軍陣擇昭忠
祠爲住隊訓練之所當其時祠裔某謁華而問曰昭忠
祠者所以祀中興節義之魂非他廟宇可比今楊公借
住兵隊得毋與祠中有耶疑華曰否否夫
楊公仁人也今假斯祠訓練兵隊必能廟貌一新凡所
以妥忠魂而安靈祏者在此一舉某逡巡而退今春華
自都歸來復謁斯祠果見丹楹刻桷池沼園囿無一不

煥然可觀而於供奉牌位之所則嚴爲封閉禁人踩躪

噫嘻斯祠之得護重修者苟非新甯劉宮太保知人善

任更非

公見義勇爲曷克臻此華之私淑我

公也有年益傾慕我

公樂善之心旣切而於節義諸大端復堅卓自立誠名

敎中之完人也玆者祠宇重新凡屬祠裔同深感戴咸

來徵序於華華固謭陋然不敢以不文辭用綴顚末謹

爲是序更願後來者以不忘我

公之美功而時加修葺則後先相映不尤爲吾人之大幸哉

光緒壬寅孟夏之月　穀旦

祠裔前翰林院侍讀學士黃思永

江西知府胡光熤

九江同知艾廷棟　敬獻

世襲雲騎尉候選訓導錢儀

碑立昭忠祠內

去

重修昭忠祠記

宛平副舉人龔熥

昭忠祠建立江甯府城東北内祀忠義神主數萬憶自髮逆倡亂咸豐癸丑金陵城陷同治甲子江甯克復中間十二年金陵文武紳民同心禦賊或血戰捐軀或駡賊遇害甚至全家罹難閤室自焚雖貴賤之不同實忠義之無愧迭經兩江督　曾文正公　奏請旌表奉旨敕建專祀春秋致祭以勵臣節而慰忠魂凡殉難者無論身登仕版與夫草莽之臣均得入祠受享是朝廷加恩優卹死忠將士禮至隆也惟時　文正公

六

又設忠義局廣爲採訪恐盡節者尚多遺佚而忠臣義士於是盡入斯祠受享不替是　文正能體念　國家褒嘉忠藎之意心至周也乃不數十年後該祠各祀裔或遊宦外省或貿易他鄉久未按次清理其中神主不無參差錯落以致今春與君爾補渠先人靈位其餘之散失者可知矣蓋今日去建祠之日較遠規模漸弛守斯祠者又稍不介意或爲樵夫牧豎無知攫去或爲貛貉鳥雀棲宿傾翻或屋漏朽濕或風雨摧殘可慨也

可慨也光緒辛丑

愓公奉　前兩江總督劉宮太保電調來甯總任師干訓練兵士以斯祠寬大宏敞爰假借祠之西隅設立練兵學堂隨登祀堂展拜見夫木主委棄倒側欹斜龕網蛛絲案積野馬不獲灌鬱鬯獻祝帛心傷久之於是歷歷爲之扶持端正灑掃庭除去其泥垢潔以馨香祠宇牆堦增修補砌肅肅翼翼廟貌重新旋令學生毋得干犯又戒守者常宜謹嚴而毅魄忠魂得以歷久安享明禋洵盛舉也祠之東隅荒亭頹敗廢閣淒涼蔓草荒煙久無人迹尤復庀材鳩工規復舊制築屋數椽開池兩

七

而傑亭屹立楊柳數行淮水鍾山天然圖畫丹楹刻桷頓改舊觀凡屬祠裔莫不鼓舞歡欣致祭不輟其修理祠宇以壯觀瞻志猶小其安妥靈爽興起後來志乃大也則上以體

朝廷表忠之意下以作吾民向義之風

文正而下能繼斯志者非

楊公也耶其所係顧不重哉是爲記

靜觀亭匾跋

攷斯園爲前大司馬剛直彭公所建垂三十餘年風雨催剝荆棘滿前歲久失葺幾於湮没矣今大元戎楊公鏡崖軍門在園之西選軍講武開設學堂爲異日國家新政干城之備目睹斯園不忍廢棄於是庀材鳩工爲之一新聞古人豐樂有詞喜雨有記斯亭不能無名側觀楊公平道路修橋梁於民間有益之事盡心圖治毫無倦容時有自得之意爰取靜観二字以名之聊以爲雪

泥鴻爪云爾

光緒壬寅九月白下紳耆敬獻於昭忠祠内

禦沙洲圩水災文

雲南候補知府蔣光國

夫以斬蛟周處長橋之巨患斯平射潮錢璆江上之靈胥避舍苟非精誠所至正氣獨憑不幾人嘆其魚𦍑成澤國禦災捍患史乘昭然超古越今豐功誰匹不意千百年後則有

楊公救沙洲圩水災一事夫

楊公家世名宇久爲世仰婦孺皆知爰特敬述功德用光宇内憶昔紅羊刼起慷慨從戎汗馬功多洊膺上位河山規復　綸綍恩崇兩鎮金陵協鎮謂借補江甯城守協鎮署理督標中

軍協鎮曾率師而北上倭人倡亂率隊赴隴萬家生佛又移節以南來補授福山總鎮劉宮太保宅調來甯總任師干營伍咸資整頓總統江南水陸全軍軍令森嚴秋毫無犯設堂訓練人才悉荷甄陶捐俸設立練兵學堂於昭忠祠操練東洋戰陣等事爲國儲材人才稱盛救民於水火之中辛丑大水城中泛溢往來水中施散錢餅凡有火患躬率士卒雖至黑夜必往保衛博施濟衆每日轅前貧民數十俱賴以生劫米靖街衢之患除暴安良二十三年米價騰貴貧民乏食聚衆劫米　公往來保護四馬奔馳備嘗辛苦衆星散散市面以安厥功甚偉道路橋梁修捐廉俸冬青楊柳種惠行人救人災害則不惜身家濟人顛危則急於星火如金陵之有沙洲圩也依城負郭襟江帶河其大

周圍數百里其中良田億萬畝餉婦耕夫吹豳飲蜡桑麻成蔭風雨應時固自安古處之衣冠樂太平之租稅也乃於辛丑之夏五月將殘忽而天降淫霖蛟龍夜鬭由是江潮泛濫鯨鱷翻騰濤浪沃天風飈噓地其奔騰澎湃之聲如雷掣雷轟而至該圩環抱大江築堤作障江與堤平水衝堤缺尤復雷雨交加旦夕直瀉土木俱盡屋瓦皆飛斯時萬衆生靈莫不同聲號泣鄉董四五輩呼籲皆窮老幼數百人哀嚎待斃慘目傷心驚天動地忽有智者來獻策曰今睹此情形固屬萬無生理然

二十

稍待頃刻未必蠢遭淪淹盡不從速急請救於
楊公倘惠然來庶挽回夫天意鄉董曰善爰命急足投
轅請救
軍門時方就食聞而投箸倒屣而前隨使而發卒健兒
數百草履短衣騎駿馬如飛披簑戴笠冒雨疾來乘風
哭至睹此波浪掀騰不覺鬚眉盡豎於是爲民默禱代
籲穹蒼謂古人眞誠感格蠢鱷潛蹤神力經營支祁受
鎖遂指江流而約之曰此中田舍萬千何忍生民漂泊
若再哭衝寸許是傷天地生成白馬素車請君暫停羽

葆修堤築岸讓我力挽狂瀾爰督兵弁負畚荷鋤與爾農夫通力合作其堤身稍低者則繼長增高其埂質微鬆者則積土排木往來於洪波巨浪之中忍受此沐雨櫛風之苦如張澄之修江岸課理川工若吳潛之築海塘規模畢備閱三晝夜而能遏防經一旬餘方資完固儼若鴻溝分割界限旌旃飄與川后同盟誓毋侵蝕雖青龍夭矯不畏搖山撼岳而來而洪水蒼茫自向貝闕珠宮而去該圩民庶於是不及於難始得全生共慶安瀾頻登大有矣則且泛江干之艇循圩堤而前見夫長

堤鞏固新岸堅凝既盡人工疑有神助今日者歲豐叶慶嘉禾揚玉穗之華康樂頻書瑞穎獻金莖之實家給人足樂業安居見有耆老聚譚者譚

楊公惠澤也聞有童稚謳歌者歌

楊公恩德也子子孫孫同爇心香而默祝若夫若婦共繡生像以酬恩則

楊公及人之盛德固與江水以同深而傳世之令名亦與沙洲而永壽矣

禦沙洲圩水災記

江甯府優增生王肇麟

金陵出南城數里迤邐而西有圩田千餘頃自六朝以荒洲開墾取省垣邊沙之義名曰沙洲圩襟江帶河依山負郭周圍數百里其間壤接龍鱗村安龐吠而民殷土沃城中米粟大半賴之每當豐稔之年羔酒呼烏田家自樂要不啻俗譜豳風化謌謳雨也迺光緒庚子五月豫省忽罹蛟患餘波澎湃沿江而下人畜廬舍漂没隨流而江甯省水勢陡起數丈風潮搖撼一帶圩田情尤岌岌大有朝不保夕之憂加以天降淫霖晝夜直瀉

而沙洲圩堤與水平不沒者僅一二寸許斯時也捧土無功呼天莫應號泣之聲聞於百里蒞其事者若醉若癡束手無措於是衆情哀籲星速請救於軍門而未卜軍門之果救也不意福星天降幸吾圩之不及難也頃間而

軍門飛騎至矣短衣箬笠草履率健卒數百負鍤荷畚而至斯時雨勢愈驟

軍門屹立水中身體髮膚俱被雨濕督令兵弁前進蓄土積芻將而江最要之堤加增尺許隨率本圩之民逐

叚加高是以附近小圩被者數處而沙洲圩獨能保全嗟乎禾苗在田老弱在室我圩民終年胼胝一旦將沉於洪波巨浪之中向非我

軍門率以身先不憚沾體塗足之勞忍此沐雨櫛風之苦而田皆澤國人嘆其魚矣尚得家室相安優遊以至今日哉古人云禦災之道有三曰先事豫防曰臨事應變曰後事補救若

軍門者其有應變之功矣

軍門名金龍字鏡崖湖南寶慶府邵陽人也以武功起

家洊躋提鎮跡其生平剿髮逆平陝甘克臺番豐功偉績卓卓可傳者有國史在吾不備論而軍門之加惠江南也搶米肇禍則躍馬提戈俄頃即徵安堵矣會匪蠢動則明緝暗捕渠魁旋就殲除矣其餘種柳樹以庇行人捐廉俸以治道路種種愛民之政不可殫述而要其最難忘者則莫如沙洲圩禦災一事故樂爲天下道也於是乎記

救沙洲圩水災記

江甯廩生章士榮

嗚呼水旱災祲雖降自天而臨機應變則在乎人竊嘗私心以爲禍患之來其成於天者半其成於人者亦半蓋天不生禍患無以啟人之爲人不禦禍患無以回天之力故有一時之禍患卽有一代之偉人斡旋其間安在天定勝人者人定不能勝天哉今觀沙洲之水災而益信不誣矣夫金陵之有沙洲圩乃吾鄉之巨圩也襟江帶河袤延數百里其中沃田萬頃國家之租稅賴之人民之衣食賴之是故歷年鄉城遇有歲歉皆賴有此

圩所出之粟得以恃之而不恐則此圩之關係豈淺鮮哉不意辛丑夏五既杪陰雨連綿約計三四旬之久蛟水與潮水陡發其城中地勢稍低者則皆丈餘稍高者亦有數尺一帶之小圩淹没者無論矣即沙圩巨圩江水所未及淹者與圩堤僅低數寸許而天又以淫雨迫之地又以潮水灌之岌岌乎殆哉直有片刻難延之勢雖該圩亦有汛官董事輩徒事嚎泣呼天莫展一策而愚夫愚婦更無所施其計致使哭聲震天地聞於數百里而遥適有

提督楊公聞之奮袂而起瞿然曰倘是圩一破非特是圩萬衆人民盡成魚鱉即城中亦大不利焉當北洋拳匪亂後南洋亦爲之震動再加以水厄而萑苻者無所就食其刦搶米穀猶小焉者也勢必有因災致亂相率而爲大患者是烏可以不救於是率健卒數百人冒雨疾出戴箬笠服雨衣著草屐有未曾謀面者幾不知其爲軍門及其救圩也則又身立水中擇其要害而防堵之圩堤稍低者增之高稍缺者補之完晝夜經營戛戛獨造即擬以斬蛟射潮之概有過之無不及者噫此不獨

智勇兼備要亦老謀練達加人一等也葢禦水猶之禦
賊乃
軍門素諳之事故能指顧間挽狂瀾於既倒反危地於
安全其例諸一臨事變動轍稱天者相去奚啻霄壤夫
軍門之於金陵惠政已非一端早已膾炙人口無庸多
所贅述獨於救圩一事吾不謂之惠而謂之仁國計民
生實嘉賴之豈可以尋常小惠概之哉葢邦以民爲本
民以食爲天
軍門一舉而兼得之詢萬家之生佛中流之砥柱也竊

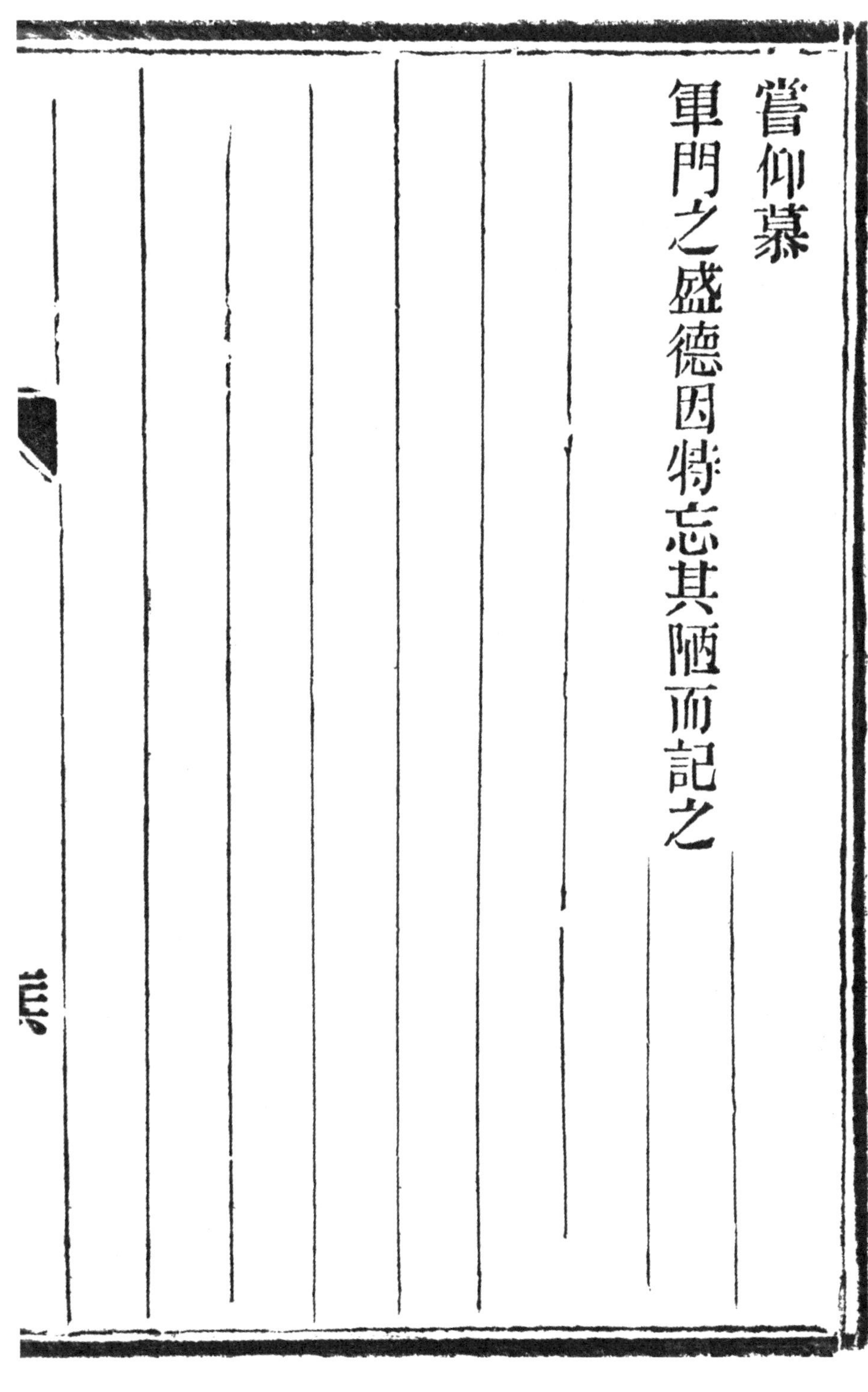
嘗仰慕
軍門之盛德因特忘其陋而記之

重修大石橋碑記

翰林院編修　魏家驊

大石橋者即郡志所謂蓮花第四橋也東眡蔣阜西矚翠微南睎蔣氏之墟北矖欽天之山相厥形勢櫂奇標異已自更陽九風霜蝕其梁霖雨齧其柱石闌既陊雁齒半圮而斯橋又丁南北之孔道問涂於茲者舉趾嶮巇驤驢梗阻躓濡軌之次且病褰裳之囏苦莫不及崖而返於是車轍日堙人跡杳絕榛蕪彌蔓於水濵氐礫交午於河右昔之康莊今且化爲荆棘焉光緒歲次辛丑

邵陽楊公鏡崖軍門總領江南水陸全軍勤宷訓練擇府城東偏昭忠祠爲練將學堂其祠睥睨河滸襟帶橋水

公騎從往來則見土崩瓦解荒涼溢目惄焉傷之爰具貲庀材鳩工僝役鑿石之產必良土木之基必固經營兩月始克落成橋前又增築馬路道之左右又植楊柳數十株齊蔭致爽燾及行旅然後曩之險者夷陂者平危者安崎嶇者通達蕪穢者蠲潔經其地者咸頌仁而詠義焉吾聞諸先王之教曰雨畢而除道水涸而成梁

夏令曰九月除道十月成梁周制曰列樹以表道立鄙食以守路故子産以乘輿濟人溱洧孟子興氏譏其惠而不知爲政陳國道路茀塞川無舟梁單子歎其廢先王之教葢路政之興廢足以覘百度之張弛由來久矣楊公其亦行古之道歟里人乃伐石紀事碑於橋側俾後人知修橋之始末且及時賡續毋墜

公之惠愛焉是爲記

重修大石橋記

江甯舉人王　澄

嘗考周禮歲十一月徒杠成十二月輿梁成皆所以便民也漢興設除道路之官道路橋梁皆隸焉膺是任者類能各舉其職若夫起家行伍印纍纍綬若若勳業赫然震當世則往往顧盼自憙逸豫是耽求其能盡心民事弗辭勞瘁者卓哉其惟

提督軍門邵陽楊公乎江南省城府東北隅古有大石橋一名蓮花第四橋熙來攘往本屬通衢南眺秦淮之渺瀰樓閣玲瓏也東瞻蔣阜之嵯峨煙雲出没也春水

園環其北則曹凱堂之別業也講學亭峙其西則周彦倫之遺居也是橋適介其中飛虹卧波儼然圖畫惟自六朝以至今日閱時既久風霜剝蝕雨水淋漓遂致日形傾圮行路之人臨流躑躅裹足不前雖里人迭經修理然以巨款難籌不能遽興大役誠憾事焉適我楊公作鎮金陵總統江南水陸全軍爰擇城東昭忠祠設立學堂爲訓練學生之所祠與是橋相近

公往來數四見其倒塌過半民病褰裳慼焉傷之於是捐鶴俸命鳩工疊磚砌石極力經營建造維新異常堅

固民不病涉行者稱便橋頭又築馬路徧植楊柳庇蔭
行旅復以其餘力重修昭忠祠起屋數十間規模壯麗
俾忠魂毅魄有所憑依則皆
公之仁政及民也夫
公以名將出鎮是邦勳猷彪炳震耀人寰其惠民之事
尤爲僂指難計兹之重整大石橋特其一節耳然
公之全量固可於此窺其端倪也已

重修石埠橋碑文

江甯附生朱敏儒

壬寅秋余遊棲霞歸適
楊公新修石埠橋成士人感
鎮軍功德匄余記石迺飛翰洄其旁曰湖自赭冠南犇青軍北潰根既踞夫金陵蔓遂延於石埠欄尖檻曲常懸張角之巾堠隙堙隅時裂鄭成之砲勝則恣車馬以馳驅敗則任士卒之蹂躪橋之基址已壞於此既而妖平青犢刼過紅羊南北之道路漸通左右之市鎮以立日出月入雖覓樵牧之踪柳往雪來誰繫征人之足加

以日月侵蝕風雨摧殘水波撼搖蟻鼠攢聚是橋也匪有紆絜斮濚其間能無瓦解土裂之懼歟然而斯境之鄉紳里長望族名門或者積幣斂財紛投社會或者飾金塗碧捌建寺林求如鄭子産之慈仁濟人以乘單襄公之慷慨架渡以梁固秦越之無關亦晨星之寥落惟鎮軍惪是橋之將圮遂捐俸以重修參中酌西規模無殊利涉使工及卒建作直類石城惠不傷財民不病涉斯舉其乖之矣爾乃壓次魚鱗宅連雁齒康莊近達王陽鮮折板之驚朝夕率由韋父免褰裳之苦此橋之便

於土著者也至若轉物伺時建標陳肆隱隱展展羣爭三市以計贏攘攘熙熙貨比五都而易售此橋之便於商賈者也又若遡風殘月暮雨尋陽官柳成陰堪息崔塗之鶴斷霓在目詎生阮籍之悲是橋之便於行旅者也更況橋以北則有黃天蕩橋以東則有新婁湖橋以西則有蓮子磯橋以南則有朱雀桁名上才八登斯遠眺足以吐風雲之氣拓蔕芥之胸者哉嗟乎一橋横亘眾美攸歸念德澤之在人足並美公以不朽洽惠民之隱願庶與張帥而同風

重修九眼井記

州判傅莊立

江甯府城北欽天山下有九眼井斯井之獲名因其下有九泉眼焉蓋山之精液淅瀝而涌出者也其始鑿莫知昉於何世或謂與胭脂甘露同爲南朝故蹟然其泉清若鏡味甘如醴雖以揚子江之中泠泉雨花台之永甯泉不是過矣夫自刼歷紅羊滄桑局變瓦礫紛塡榛蕪滋蔓絡緯秋啼覓金蘭之無迹羣蛙夏鼓藉碧蘚以潛踪是欲循蓮花橋畔步藕絲街前而汲漱寒齒不可得矣庚子春三月

邵陽楊公作鎮金陵術六至三合苟況治軍之略輕裘緩帶娩羊祜敏政之風軍務餘暇訪求古蹟從邀笛之步溯珍珠之泉過蔣氏之祠觀六朝之松見斯井之堙恐名區之湮沒爰命鳩工以修以濬祛其渣滓範以石欄遂源修綆一歃千金求王明者堪受其福思止水者可澄其心環處士民蒙潤曷曁易曰改邑不改井井既不改而我

公之德遂與此以永存復南朝之古址留膏澤於吾民則知千載下飲水思源僉曰微當年

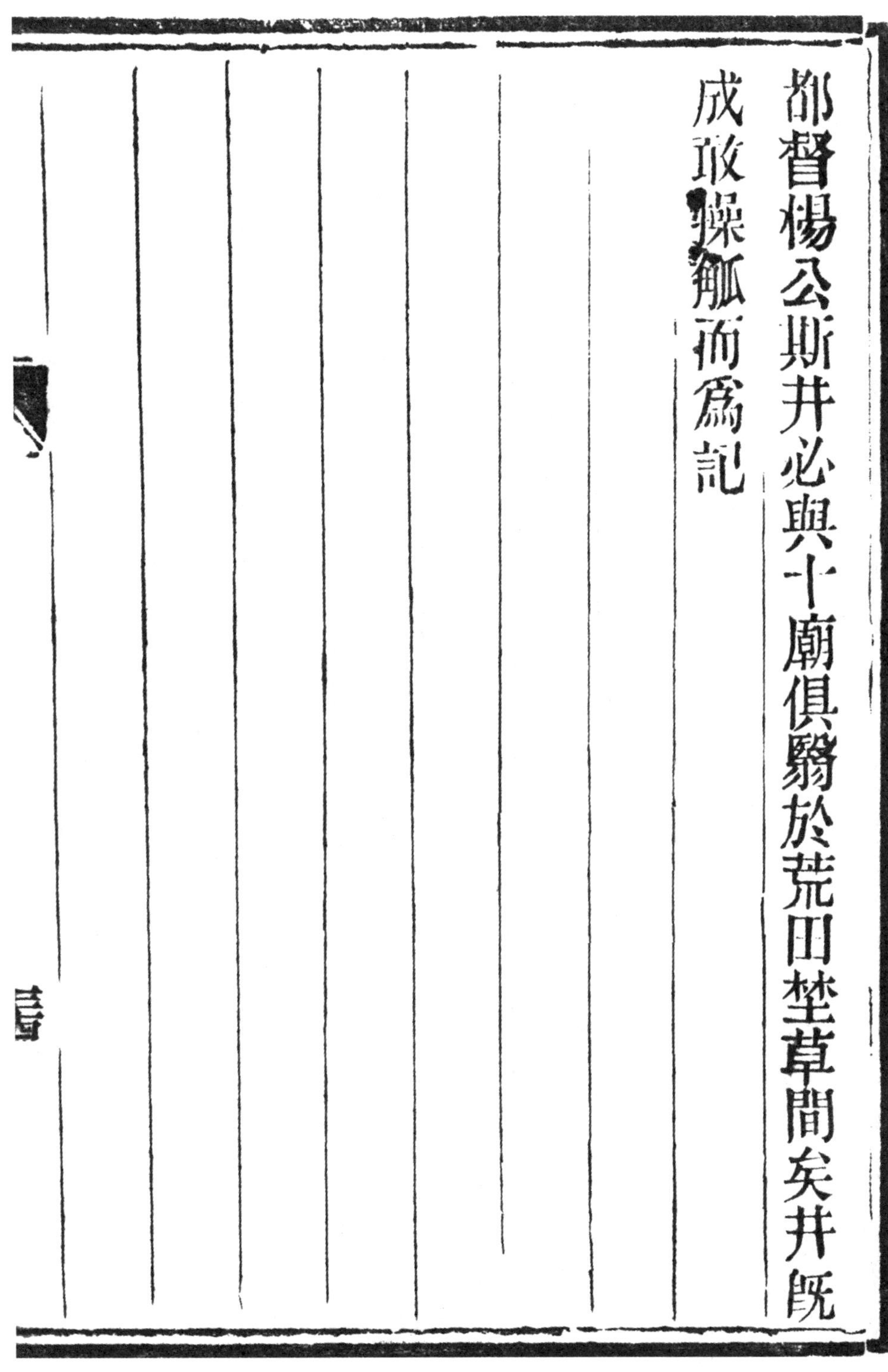
都督楊公斯井必與十廟俱翳於荒田埜草間矣井既成敢操觚而爲記

重修鈔庫街記

廣東候補道陶譽光

傳云五達曰康六達曰莊康莊大路也街於何有巷於何有古制則然未可例今金陵之有鈔庫街昉自前明迄於　本朝未易其制光緒辛丑夏江水下流城中泛溢是街之低窪堪虞竟成廢地往來行人恒苦窘步道茀不治其奈之何幸我

楊公鏡崖軍門扈從鑾集偶經此地入目慨然詢及土人大爲愷惻願捐廉俸俾作工資而匠人之得荷是役靡不樂從時勤畚挶頗深運甓之勞大興浚挑深慮爲

山之謫工旬而竣道塞而通不似前此之成爲徑行者而復有徑心矣此後風霜載道雨雪在途雖有轂擊之車奔踶之馬秧雲汗雨之民可以無徒步嗟跋涉虞矣此之加惠於民至詳且盡非楊公之力伊誰之力歟鋪一條之輭繡惠四境之黔黎蓋不第接軌司空已也人之頌之也以歌吾之頌之也以記

掘井碑記

楊公鏡崖軍門所行之善政多矣不獨行之金陵也而金陵爲尤多昔目見諸作林立先得我心若築圩若建橋若淘井若修路若植柳若葺祠宇若設學堂若捕會匪若禁搶米諸大端無一不紀載之目竊謂紀載雖見其詳而搜羅難免其漏正採訪間適有士人感

軍門盛德頌目而言曰

軍門德政有碑記德政之散見者若築圩等事亦各有碑記惟歲次壬寅冬天旱水涸一勺難得

軍門親率士卒到處掘窟掘而見泉捐俸興工成井者三環處居民汲取稱便蒙潤曷暨迄今數載居民飲水思源稱道弗衰此舉何獨無紀載耶因詢其所在土人曰一在督署之北一在復成倉之西一在松濤巷之南之三井者泉清似鏡味甘如醴旣駕乎

軍門所修之九眼井而上且駮諸揚子江之中泠泉雨花臺之永甯泉爲尤美耶爰偕土人往而視汲而返烹茗而備嘗覺其泉之清之甘更有愈於所聞者斯井不能無記即不能無名耶愚以爲昔晉太傅謝安石居朝

天宫後半山有墩曰謝公墩夫是墩既有以謝公名而斯井何不可以楊公名之乎又以爲城西有古井三曰頭道高井曰二道高井曰三道高井夫高井既有以頭道二道三道名而楊公井又何不可以頭道二道三道名之乎名既成故樂而爲之記然而軍門之善政仍不免望一而漏萬也已識者諒之

光緒歲次甲辰仲春之月東越陶熾昌補誌

重修大石橋詩　　黄淮宗廣東嘉應人試用巡檢

宣德於今四百秋欄杆傾敗未曾修將軍利濟心

偏切選石鳩工築自籌

橋危力可使之安計畫從心不畏難來往行人爭

指點他間無此石欄杆

深恐褰裳涉病民梁成客莫問知津笑他輿論忘

爲政孔子猶稱是惠人

兩行綠柳擺和風掩映橋頭入畫中流水高山間

俯仰倚欄誰不頌　楊公

蔡金尙藍翎五品銜江蘇候補典史

曾聞胡馬度陰山壯歲從征傍玉關鼙鼓喧闐臨塞外旌旗烱灼出雲間龍堆血染平沙紫魚海波翻夕照殷報道軍中方奏凱酬庸有典盡開顏

枕戈待旦憤何深月向關中盼捷音元敬兵威寒賊膽亞夫將略慰 宸心涼宵舞劍邊風起淸嘯吹笳朗月臨自有勳名輝史冊乾坤奠定世同欽

天生豪傑武功昭氣應星辰燭九霄虎帳久知韜

咯裕麟臺端合姓名標威宣絕域歌朱鷺秩晉元
戎曳紫貂嘗膽卧薪思報効中原烽火一時消
當年仗策出風塵百戰馳驅老此身忠愛方能成
事業勤勞更可鍊精神千秋定論推名將一代中
興有偉人張節江干開幕府儘多膏澤被黎民

王壽樾 浙江仁和人 國子監博士

人生不作出類拔萃事庸庸屈蟲鬚眉氣馬革裹
尸壯士心旗常榮名馨後世在昔豬冠肆惡氛三
湘人傑起紛紛耆舊彫零時局異衡嶽碩果 楊

三七

公勛　公貌則雄杰　公性則剛直出民水火洗
乾坤飢溺心思繼禹稷當日衷甲復名城起翦頗
牧用兵精位望並隆矜伐泯中山又見大將軍寰
宇承平開令公譜政口碑處處同鐫石作記紀恩
澤盛德蚤遍大江東大府馳奏　九天上
雨露疊施冠諸將噫吁嚱齊民仰望風采北种放
白下於今得保障

前錄序

戊戌之夏大江南北遍地皆荒米價騰貴金陵尤甚哀鴻之聲周於四境無業流民趁勢嘯聚遂將金陵城內外米肆搜羅爲之一空紛紛嚷嚷搶奪不休府縣出示禁止彼等置若罔聞城市皇皇幾釀成事幸賴楊公鏡崖軍門目覩情狀揮汗提兵往來保衛良者安之暴者汰之廢寢忘食救護彌殷始得宵小斂迹奸宄潛踪省內人心從此安定爰出示以平價遂發粟而開倉旣轉運之惟勤復監巡之不已未幾聞我軍門癰生

遍體疽發周身痛苦萬狀半月方平聞之醫士云乃受
酷暑而致噎
公之於民可謂至矣盡矣向非我
軍門顧全大局艱苦備嘗安得今日之安居樂業雞犬
無驚哉闔屬士民莫不感恩懷德於是發于言詞行之
吟咏是編所録皆巷語街談無非頌德歌功之意至於
公生平偉績豐功夫固自有專集以紀事實兹故不贅
述云
光緒戊戌年上元彭浩謹敘

善政詩　　丁致祥上元文生

市壥米粟貴於珠閭閻攘奪在須臾同呼庚癸無良莠不逢鄭俠曠能圖　楊公發令出保衛兩行棨戟列前驅晝巡宵察莫辭瘁賈民來道相歡呼開倉出賑補不足東西南北勤轉輸老弱不聞塡溝壑壯者不聞散諸途往來闤闠安如堵宵小歛迹民無虞問誰今日爲爾德僉曰　楊公惠愛吾

我　公之澤潤物若春我　公之威可畏可親

李　湘候選布理問

公幼從戎忠不惜身壯而筮仕布惠施仁莅任白下爲國爲民値兹歲歉珠米桂薪流民告警匹馬周巡安良除暴備歷艱辛暑毒忽發痛苦經旬士民感德何富何貧問孰不親之若父母畏之若明神

鄧邦選候選訓導

歲時從古有凶豐流刼如何處處同馬上一呼人影散威名重振大江東

病民閉糴竟何忍饑倒囊傾亦足憐却笑奸商不

解事馬前猶自叫青天

不教而誅忍效之本來寬猛貴兼施勢禁理諭心

艮苦赤日行天午不知

下情徐向大僚陳榜示通衢使共遵聲價米容增

十倍舍飴鼓腹萬家春

襄鄂英姿萬口推隴西塞北去仍回據鞍顧盼君

休訝本是當年老將才

當關一吼萬夫驚不掃欃槍氣不平血戰餘威重

建樹麒麟閣上待題名

禍亂戡平不顧身整軍經武費精神疆臣奏牘頻
頻上忠矢允堪答　聖君
暴禁良安感戴均聊從筆底寫經綸天才有愧唐
王勃敢作閻公座上賓

彭吉八　江甯增生

水毀金饑那復知米珠薪桂市居奇釀成攘奪非
民志致慨流亡未輯時雀鼠太倉無宿飽雁鴻中
澤有哀思蒙　公發粟兼平糶一律仁慈與護持

朱光裕　安徽候補縣丞

往歲無豐歎胡爲米粒空漏卮瀛海外西人運米出洋奇
貨市廛中地本移民異人雜就食同流亡嗟滿路
攘搶苦從風自是黔黎變翻教諭禁窮不甯驚比
戶撥亂賴元戎立馬區良莠停鞭問雁鴻愚氓勞
以定宵小斂其雄平糶新恩布開倉古法通巡行
亡晝夜轉運復西東遂使安如堵何需籲向穹一
身雖致疾百姓早歌功芃黍懷郇伯甘棠比召公
他時欣建節萬戶慶封崇

方廷楝上元文生

無端驚懾邑中黔變故倉皇盜賊侵發粟開倉勤
捕獲不逢傳說亦爲霖
酷暑炎炎烈日紅　將軍匹馬自西東憑鞍叱咤
羣驚避氣節猶留閙市中
保赤原從賦性來愛民咸頌不凡才一聲叱咤千
人廢銷囂閭閻無安災
世道從來古異今鴻嗷半是澤中尋羨　公獨有
監門意偏徇蒼生著苦心

張元方上元文生

聞鼓懷民將天生蓋世姿攘夷紓上策弭亂燭先
機裘帶雍容盛詩書誦習宜毵毵楊柳道行路起
謳思

許修鳳上元文生

禁暴安民西復東　將軍匹馬自恩恩妖氛片刻
盪城市妙策當年畫守攻倉廩大開忘朽蠹搶米亂平
公即請督憲賣官米以濟民急往來如織憫哀鴻救災戡亂俱
甚迹袞袞諸公拜下風

顧松文分省補用巡檢

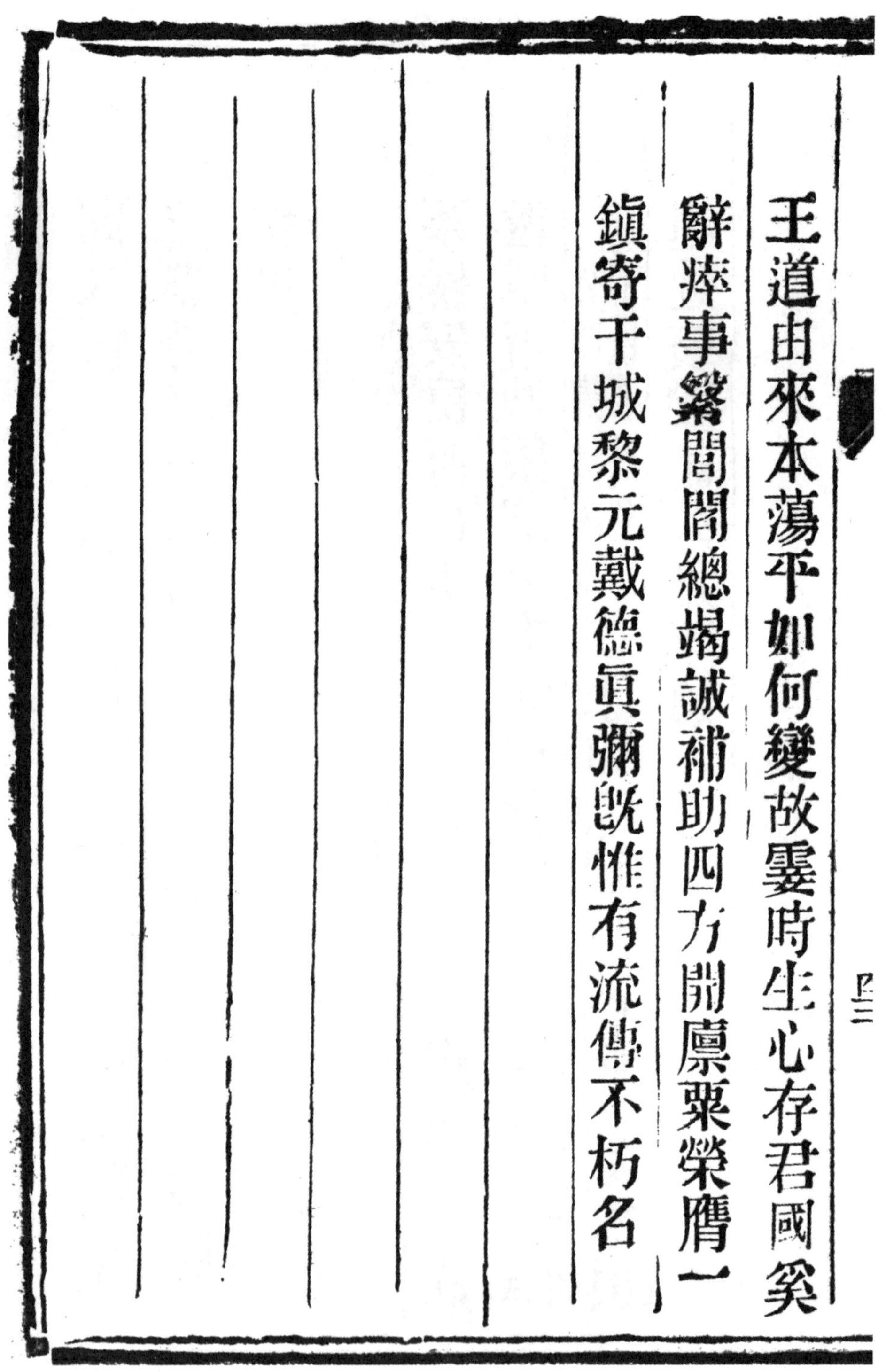

王道由來本蕩平如何變故屢時生心存君國奚
辭瘁事竭閭閻總竭誠補助四方開廪粟榮膺一
鎮寄干城黎元戴德眞彌旣惟有流傳不朽名

跋

日新之謂盛德年彌高德彌劭位彌顯德亦彌崇實至而名歸之天下之公義也昔見江東善政錄詩若干首頌

楊軍門之德異口同聲詩雖不免掛漏而感激均出至誠非甚盛德奚以得人心若此又況文士習於疏狂非

盛德洽民心並洽士心奚以得士心之傾慕若此今又閱四年矣又見有種柳碑記救沙洲圩記諸篇

軍門其樂善不倦者歟以

軍門豐功偉績詳見事略考第觀歷作善政㠯無此願力且羡且愧夫何待言然而言之無文行之不遠莫爲之後雖盛弗傳㠯正擬筆其事實以諗後來而諸作林立先得我心各以椽筆紀之竟無待㠯之敘其顛末㠯愧甚亦喜甚設聽其散而無紀不獨負

軍門之盛德抑有愧於先後頌德之懇誠爰都爲一編顏之曰江南善政前後彙錄校正付梓以省傳鈔庶遠而五洲近而各直省上自名公鉅卿下逮走卒皆有以感發樂善之忱則㠯之樂人之善以爲樂似非分外事

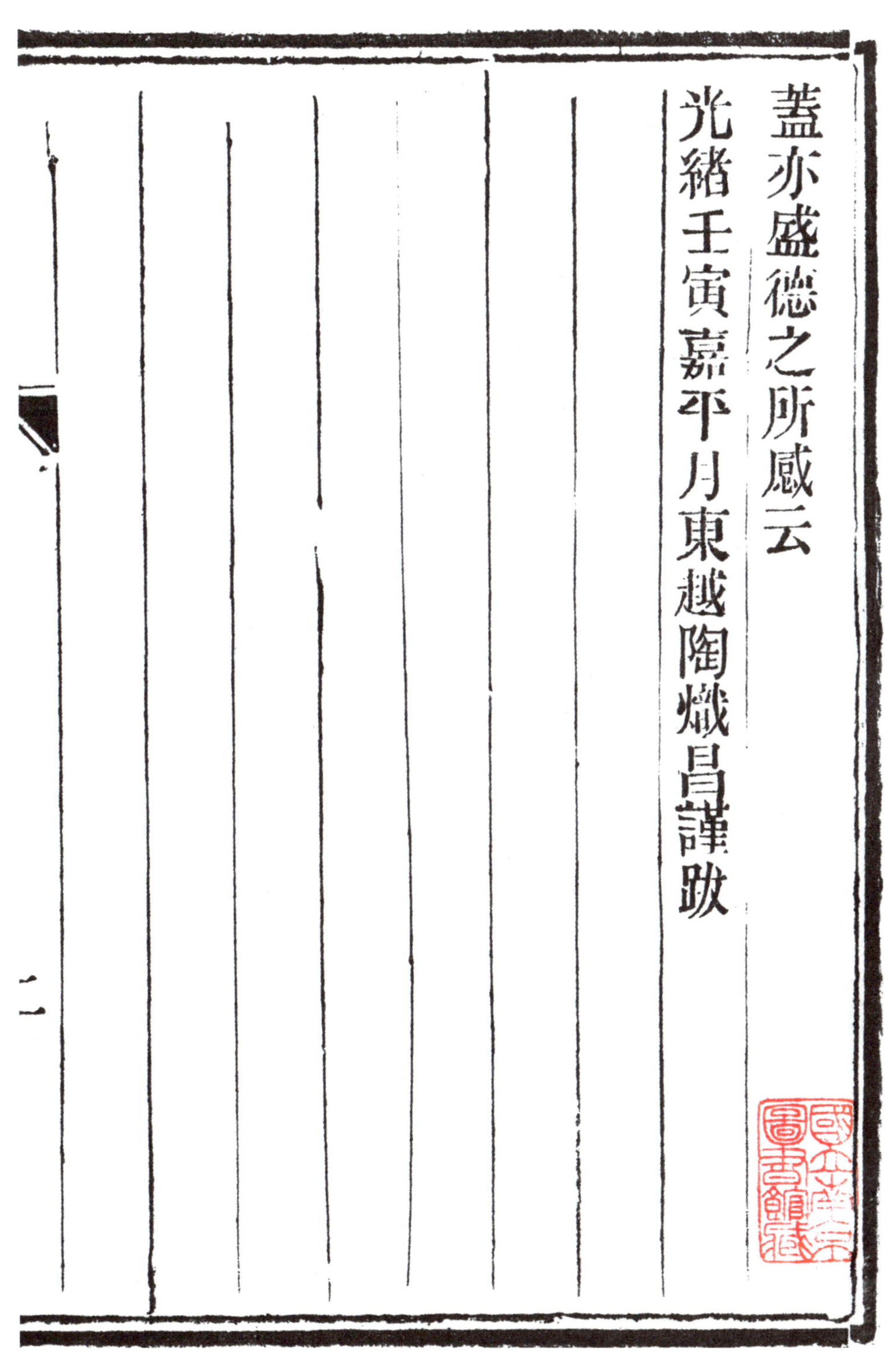

蓋亦盛德之所感云

光緒壬寅嘉平月東越陶熾昌謹跋

國立中央圖書館藏

金陵全書

乙編·史料類

署理江寧府句容縣事公牘存稿

（清）鄧炬 撰

南京出版社
南京出版傳媒集團

提要

《署理江寧府句容縣事公牘存稿》一卷，清鄧炬撰。

鄧炬，字澐如，湖南武岡州人，監生，光緒二十二年（一八九六）署理句容縣事。《光緒續纂句容縣志》卷八上有傳，云其『爲治嚴勵風發，一振泄沓之習……士民咸懷其德』。《同治武岡州志·選舉表四》列鄧炬在『京秩』『同治朝』，記爲『監生，中書科中書』。《清實録·德宗實録》卷五四二記載光緒三十一年二月兩江總督周馥奏云：『試用道鄧炬，輕躁無識，聲名平常……着以同知降補。』

該書收録了鄧炬署理句容縣事時禀稿五則，分别爲《禀辦查擠新墾章程》《禀報新墾查出田地五萬一百六十餘畝》《籌集經費整頓華陽書院議章禀稿》《禀辦積穀章程》《籌辦保甲章程》。

《禀辦查擠新墾章程》是鄧炬爲奉總督札飭清查句容土地開墾事宜呈報給兩江總督的禀稿。鄧炬將句容縣賦役額編與實徵數目做了對比，認爲額産與額賦懸殊，蓋因『已墾者田多地少，未墾者田少山多』，但『何以境内污萊猶多未辟』的原因則是民間匿報成風、『冀幸妄生』，根源在于『勸懲之誡，民已視爲具文；賞罰之條，官未行諸實事』。爲此，鄧炬認爲查擠新墾土地，非通籌全域、根據實際情況重新整治不可，特提出要端四，分别爲：『編查額産分圖造册』『查擠熟産立限懸賞』『普給熟産查單墾照』『勸墾荒産按畝論賞』。以此四要端爲行動準則，擬定《現辦章程》十二條。第一、二、三、四條定造田畝清册規則，民自開報與從實擠查相結合；第五、六條定匿報、荒産處理辦法；第七、八條定依據匯總清册造各户賦役印單派發，核查確定；第九、十條定經費與人力來源及調用辦法；末二條定查擠勸墾賞罰辦法。

在《稟報新墾查出田地五萬一百六十餘畝》中，鄧炬報告奉江寧府及江寧藩司札查擠補報荒田開墾事宜的大致經過，鄧炬會同藩司派員嶙『出示曉諭，傳集鄉董、農書、圖長人等剴切勸導，務令從實查擠，并議定章程』。鄧炬認爲『必須民間自行開報方免科勒之弊』，所以半年之後各鄉農書才得報齊數目。又因二人于『鄉民呈報後率皆會同查勘，故未敢稍涉欺瞞』，所以鄧炬認爲此次查擠『委係從實舉報，并無隱飾』。至于各鄉墾册，則由其催造齊全，另文申送。而新查擠之已墾田産，經察訪確系『墾已多年』者，『明年一律啓徵』。

《籌集經費整頓華陽書院議章稟稿》是鄧炬爲重振句容學風，整頓華陽書院所作稟稿。整頓内容包括籌集經費、延聘講席、釐定課程、擬定章程等。在稟稿中，鄧炬有感于句容舊有華陽書院，且有輝煌的歷史，『乃捐廉俸，修葺舊規……以爲倡率』。擬定章程十七條中，前三條是針對院長、講席和生員學識、道德等的規定；第四、五、六、十一、十二、十三、十七條是針對課程（考核）時間、内容及獎勵辦法等事項的規定；第七、八、九、十條是對學業内容、書目配置等項的規定；第十四、十五、十六條是針對師長（包括院長、齋長等）待遇、募集經費、院田及其他諸項資産的使用等事項的規定。總督劉坤一批示：『查該令以署任人員不吝解囊捐廉，倡率整頓華陽書院……具見樂育人材，盡心任事，殊堪嘉許，應准如稟立案。』

《稟辦積穀章程》是鄧炬爲整頓積穀事宜所作稟稿。署理句容縣事後，鄧炬『按倉盤驗』，結果發現糧食儲備形勢極爲嚴峻，除城倉尚可外，各處鄉倉『盡室皆空，民欠董虧，一未還繳』。他提出要端有四：追穀免利，以示體恤也；提本存典，以免侵挪也；偏灾薄歲，不准借放也；歲更互换，以重經董也。總督批示云：『察核所禀清釐積穀各條，尚屬有見。辦理亦肯認真，深堪嘉許。』

《籌辦保甲章程》包括《保甲章程》八條和《客店章程》八條，乃爲維護地方治安所作之禀稿。《保甲章程》第一條定保甲機構的設置；第二、三條定民户的編聯方式；第四條定烟館寺廟庵觀的編查方式；第五條定對作奸犯科或不肖之人除勸其改過外，需造另册；第六條定此後對不法行爲應予實時舉報，否則究辦；第七條定城鄉客寓飯店需自備循環號簿，送局查核；第八條定提前趕辦冬防。《客店章程》第一、二、三條定何種過客可留宿；第四、五、六條定遇何種情形需『立報董長盤查』；第七條定應報不報當作何處理；第八條定循環號簿的使用方法。最後附號簿式樣。

卷首鄧炬官爵署作『花翎鹽運使銜、前江蘇試用道降補同知』，可知此集之刊印在光緒三十一年二月後。

《金陵全書》收録的《署理江寧府句容縣事公牘存稿》以中國國家圖書館藏清刻本爲底本影印出版。

劉玉斌

花翎鹽運使銜前江蘇試用道降補同知鄧炬謹將前署江寧府句容縣事稟辦查擠新墾章程敬呈

憲鑒

敬稟者竊奉

憲台札飭甯屬被兵拋荒田地懇復未完飭即督率董保依限查擠補報其餘荒田無人承認作無主論聽人領種不准他人爭奪一面遵式造册議章稟辦並抄發全椒縣清丈章程到縣等因遵查卑句邑額編田地各項一萬四千四百四十二頃九十一畝徵銀六萬三千九十三兩零徵米三萬九千九百五十二石零兵燹至今已據報熟各產統計五千八百四頃有奇應

科賣徵銀三萬八千九十餘兩應科除減米一萬七千七十餘石以額產論僅墾通額之四以額賦論已徵通額之六蓋已墾者田多地少未墾者田少山多額產與額賦之懸殊職此之故溯自肅清以來查墾者屢矣何以境內汙萊猶多未闢固因地廣人稀難以墾復亦由勸懲之誠民已視爲具文賞罰之條官未行諸實事遂至冀倖妄生未由鼓厲而欲其有熟必報有報無隱也得乎現查歷辦成法與奉抄各項章程意美法良誠可倣辦惟是今昔不無殊致彼此或有異宜如卑句邑情形若僅就其匿報而擠之則荒產比比終無墾復之期若不就其已熟者從而丈之則熟產纍纍仍有混淆之弊是以查其匿報之産

則易招墾原荒之業則難丈其已熟之產則易籌集清丈之費則難爲今之計粉飾目前不籌全局非特荒熟未清課賦難期於復額抑且經費無出掣肘有慮於半途謹就管見所及絜領提綱分條縷晰約有要端四則敬爲我

憲台陳之一編查額產分圖造册也卑句邑魚鱗圖册毁失無存同治五年雖設局清查然僅清已熟之產並未查仍荒之額是以各鄉額產有主無主或熟或荒迄未查有成數若分圖則更無論矣旣不能按圖索驥遂不免接木移花弊竇叢生無從指摘今欲嚴擠新墾允宜分清其額方始得收其效飭令鄉董督率各圖農書圖長將圖内額編各產勸民開報分别已墾未

墾有主無主既頃畝銀米各數按圖具造分產細册其本年查擠新墾按產另列以便查核如圖或有客墾卽由客董督同客長從實查報由該管農書彙造入册以清圖額統限兩月以內遵式查造農書暨客董長各出具並無隱匿切結由鄉董加結彙轉並相與爲約既往概不深究於今定當實報倘敢得規包庇報少墾多一經查丈不符審係實在弊匿卽按律治罪並查追所得賍欵與所隱錢糧照數補納俟各鄉造齊則每圖荒熟各產散與總均得其額而已報孰產之中或普丈或抽丈復視經費之盈絀與爲轉移如是則荒熟畢清無慮淆亂矣嗣後如有續墾卽按册登註以爲分圖額產之據一查擠熟產立限懸

賞也卑句邑額設各產歷年報墾無多其中因墾本甚鉅租息較薄恐受升科之累因之棄而不顧者固屬不少而積年墾熟朋比爲奸倚恃縣案無稽非勘丈不能窮其隱因之抗不呈報者亦屬在所難免凡此匿報之產現卽畢辦丈量而隱熟作荒張冠李戴勢必不一而足嚴則不勝其辦寬則轉隣於縱不若定以期限公以賞罰使民先自開報之爲得也現擬痛陳利弊剴切示諭限兩月各將名下已墾未報各產速開畝分置產坐落田名有主呈契無主具結報由農書入册一面諭由圖長督同村長刻速分投查勘倘或逾此限期熟產匿不呈報報墾或未盡實概准知情人等指名稟揭一俟丈實照例治罪並將田

產入官半賞指揭之人客墾法亦如之惟治罪外加以遞解回籍庶足以示懲儆蓋若輩匿產抗糧無非圖省課賦今若信行給賞指名者既得公而濟私之益匿報者遂有得不償失之虞即欲稍事隱瞞恐亦未之能也俟報限屆滿按戶分給單照令遵頒式塡註呈候核勘丈倘有缺溢照章澈究有主荒產現亦示限兩月有契者呈契無契者具結呈候註册認墾逾限不報即由官召佃不得藉詞爭奪違則概不准理並治荒廢田糧之罪一普給熟產查單墾照也卑句邑田產從前設局清糧曾將報墾各產印製田單然其墾熟無多有單執業者甚少現逾三十餘年之久每至荒產年有續墾民間惑於省費從未呈縣請

照竟有盜產甚夥執據全無地方不肖棍徒偵知執產無憑妄生覬覦或以他契影射或以遺業爭衡涉訟到官勘不難於剖斷即如現辦礦務覬有利源每以祖產爲詞平空爭抗此皆無執守的據爲之厲也現如僅撥清糧以後未曾領照各戶補給田單則流弊更甚或詭名朦請或一產兩單從此買產過糧必至糾葛不已值此清釐之際擬另刷兩聯印單按鄉分圖編列字號俟限滿擠報完竣出示曉諭按完糧花戶暨現報有主荒產各給一張由卑職赴鄉督董按圖散給不准他人需索所有額徵銀米飭書填就其田之坵數畝分四至水路令糧戶自填仍取田鄰如隱同坐甘結送由圖長轉交農書彙呈撥戶書數

八查對徵收底册逐一復算以爲勘丈之據俟抽丈時隨丈隨發錯則隨時更正存根繳縣照册徵賦册備案如有舊領單據隨同繳毀一切產業無論有無契約買賣以單爲憑隨產交給過糧如其抗不繳銷即作廢紙另行蓋細戳以示區別至書吏紙筆應照舊案每畝取錢十文其現報認墾無主各產仿照印單辦法填給墾照惟照價與單費有別已另案稟辦請貼查丈之費如是則按產有據經界可得而清從之舉辦丈量尤易爲力一勸墾荒產按畝論賞也卑句邑額產甚鉅墾未及半自應及時整頓以復舊額然由官召募或佃戶稀少或土客欺陵利尚未興弊已滋甚不如責令圖書圖長督同村長分投勸墾較

易爲功蓋彼近居一隅見聞較確何產巳熟何產猶荒某戶佃多某戶丁壯以及外鄉異籍誠實可靠足以領種認墾者無不瞭如指掌然要皆知而不舉相率以爲利藪也今欲絶其弊而轉資其力必思有以鼓勵之似非賞給不可尤非重賞不可擬自來年起給諭勸墾除酌照往屆報數列爲常額不賞外如其報墾有餘按圖核數分别田地各項按畝給賞有差數不及者懲究其賞欵議請收照價按產計值取償於此現巳專案議稟倘果能持之以久則伊等既有明賞之條必不萌其故智在業戶更懼充公之舉誰肯掉以輕心不數年間產可盡闢否則竟有不知伊於胡底者矣惟是卑句邑山蕩草塲等項一畝未報

自今以始自當各勸承墾第山產租息微細收成不易若照三年之限徵納丁漕深恐視爲畏途率皆裹足查定例水田六年升科旱田十年升科田限且寬何况山產今請裒多益寡定以五年爲限餘產不得援照使民無所藉口與其期迫而無濟不若限寬而有效是亦現奉

部飭所謂無拘成法無取近功之意也以上四條係屬因地制宜急應次第施行之事查卑句邑未墾荒產尚有過半其中隱匿在所難免欲清其隱非清丈不爲功然現在田已挿秧民鮮暇晷而庫藏又復空匱請撥爲難因噎廢食勢亦有所不能自應擠墾之中兼寓丈量之法倘能經費有餘自可即時開丈是

以現議各則若專辦新墾固可即續辦勘丈亦無不可蓋查造圖冊以正其本分給單照以清其源加之懸賞示限以報糧按畝論賞以勸墾似此辦法已墾者有單有冊續墾者隨認隨報初不容其隱匿卽不慮乎欺瞞似亦不丈而丈矣惟卑職愚昧之見現值物儆時艱撙墾以外猶以開闢草萊爲近今最要之圖然此時而欲勸墾必先立賞欲立賞必先籌費誠莫如收取照價之爲易也總之現奉飭議統籌全局撙墾猶易籌費實難非格於成案卽累於民間無米爲炊招墾與丈量之所以難也現惟有俟限滿報竣確勘新墾若干統核荒熟若干或普丈或抽丈或就據執報成熟者而丈之或就本屆新撙者而丈之核

定需費數目究應如何籌議再行察稟外理合將遵議緣由並
另擬現辦章程十二則開摺肅泐稟復仰祈
察核批示祇遵
謹將查擠新墾寓辦清丈事宜擬就詳細章程十二則開摺呈
請
憲鑒
今開
一擠墾與清丈本宜相輔而行於事方有實濟句邑自遭兵燹冊
籍蕩然所有田產各項額數係照
部鈔道光二十七年奏銷冊數爲定迨後設局清賦僅報其熟

未丈其荒各鄉各圖迄無總數可稽現飭先造分圖田畝清册分別荒熟既屬便於擠墾卽從而丈之缺溢亦有所依據也

一造册應按圖分也卑句邑向分十六鄉每鄉十三圖則設董事一人圖設農書一人而一圖之中又設圖長一人農書則查造糧串及推糧報墾各事圖長則經辦一切公務現在查辦新墾擬由董督率圖長就近勸民開報一面從實擠查報由農書造册既往概不深究此次定當實報各取具並無隱漏切結由董加結彙送聽候查勘抽丈如有弊混從嚴各治以罪

一各圖客墾擬令客董督同客長查擠視田產坐落何處卽由本圖農書彙送入册不必另造客籍以清圖額仍由鄉董一體督

率取具並無抗隱切結呈候稟辦如有弊混罪亦如之

一冊須頒式查造以免歧異田地山蕩等項擬令各列一條查明圖内額編某産若干應科銀米若干已墾若干應科銀米若干本年新墾若干應科銀米若干内有客墾幾何註明總數以便查核未墾若干應科銀米若干内如有主無主能於查晰亦即開列遵此查照式既簡而易荒熟總散各數亦可得其端倪日後查辦清丈復以現給糧戶自塡之單照爲據以單照之散總合圖冊之總數盈絀立見

一匿報各産應照例充賞也緣民間匿墾無非貪省糧賦今既予限兩月令民呈報定限不爲不寬若再抗匿則是有意故違應

准人指揭彙案勘丈將田產入官變價半賞控者半作丈費以示鼓勵而資挹注統俟辦竣後彙冊稟報客墾則照此辦理加以遞解回籍因阜句邑客民不少均已授室成家而隱墾亦復居多平時最畏遞籍自宜因人立法俾知儆戒

一阜句邑荒產有主無主無憑稽攷而田隣里長年久故絕亦復無從查詢縱使雇夙招認鮮有應者一經他人墾熟每有出而爭執甚至執據毫無藉詞遺失必欲控准而後已是以人皆畏墾裹足不前此等刁風殊爲可惡查同治八年清賦曾經示限認領早應截數入官現再寬限兩月令報認墾逾卽由官召佃縱有契據亦不准理倘敢纏訟應照例詳辦治罪

一查照印章應定限期俟各鄉開造新墾滿限即撰刷兩聯印單分發各圖由農書將各戶應徵糧米限一個月按圖填竣即由董督同散給令花戶將各名下產項遵式填註限半個月一律填齊繳由圖長轉交農書彙呈發戶房查對徵收底册逐一復算有無舛錯限一個月竣事聽候勘丈明確按戶蓋印掣發

一印單應分鄉核對也卑句邑城鄉遼隔如其彙歸縣署恐致有稽時日應候花戶填竣派撥老成書吏數人並延友分赴各鄉督同農書董事公同查核如有錯誤即就近傳同糧戶當面更正以歸簡便其無主墾照法亦如之單册查就即當接辦丈量其經費如何籌集以及各鄉各圖幅員甚廣應否移請儒學佐

貳並另請添委督率以期易於蔵事屆時應酌量稟辦

一單費錢文應照章酌取緣戶書對單農書塡單圖長散單均不無微勞足錄若令其枵腹從公情殊未洽應請照同治八年定案按原墾及有主田產每畝取錢十文令花戶隨單繳由圖長轉交農書彙繳董事另行酌數分派並大張曉諭以杜分外需索其現報無主照價已另稟請示至句邑地保一役村有村無一切公事向歸圖長經辦應仍其舊不必另行舉充

一勸墾應專其責成也各鄉荒產責令農書圖長督同村長各就圖內村內擇其丁壯佃多之戶以及異鄉可靠之人分投招勸各圖勸有墾戶有主之產令開坐落畝分前向業主認佃無主

之產令開畝分四至取具田隣保結由農書圖長按月彙册造報何人勸墾若干分註册內不必墾戶自報以免書差勒索之弊俟秋收以後由縣按册勘丈掣照執業仍由董隨時督率以昭覈實

一勸墾應明定賞罰也鄉村荒墾庇匿成習倘不力籌重賞恐終難於得力擬俟來年起認墾無主荒產於秋收勘丈後分别田地山蕩收取照價墾係何人所勸卽與分賞有差惟各鄉歲應報有新墾自當酌照往屆報數每圖以十畝爲率歲除此數以外報墾有餘卽照此給賞數不及者懲究至各圖扣賞十畝合邑併計當得二千有奇內除報墾有主之業但取驗契據切結

不取照價外其餘所收照價爲數有限即作秋後丈墾之費誠爲一舉而兩得也現將議收照價另禀請示究竟如何分賞應俟定案後查議

一各鄉墾產既行勸賞之條報墾當可踴躍然使該墾戶或與農書圖村長等係屬親串交好不免受其囑託相與隱匿是亦不可不防自應仍准知情人等指名揭告一經審勘得實照章充公給賞農書等並照知而不舉之例各予究懲如是則轉而行之可期有墾必報有報無隱矣且逐墾逐丈事歸實在既無脫漏之糧官亦免清查之累若果持之以久則利之所在民必趨之不數年而自能盡闢地無利之遺矣

以上十二條係就現議要端四則之中從而酌之如有未
盡事宜應隨據實禀辦合併申明
督憲劉批據禀並摺均悉所擬查墾丈量事宜章程是否悉屬妥洽
仰江寧布政司即行核明彚案詳辦仍候
撫部院批示繳摺存
謹將禀報新墾查出田地五萬一百六十餘畝録呈
憲鑒
敬禀者竊奉前本府札奉前藩司札轉奉
憲台札飭寧屬被兵拋荒田地墾復寥寥飭即督率董保依限
查擠補報其餘荒田無人承認即作無主論聽人領種報墾不

准他人爭奪并即遵式造册議章禀辦卑職嶙并奉前本府札同前由飭往會同查辦等因奉此卑職嶙遵即馳往句邑會同卑職炬出示曉諭傳集鄉董農書圖長人等剴切勸導務令從實查擠并議定章程如敢隱匿不報一經逾限准人禀揭將田提半充賞以示儆戒一面遵飭禀報在案卑職等伏思查擠新墾俾裕課賦固爲當今切要之圖然必須民間自行開報方免科勒之弊是以辦歷半載至今始行報齊現據各鄉農書開摺呈報前來查田地併計共得五萬一百六十九畝七分四釐五毫委係從實舉報并無隱飾因卑職等於鄉民呈報後率皆會同查勘故未敢稍涉欺瞞自干徇隱惟現報各產大率有主居

多卽客墾各田亦半稱向土民契買而來現爲約畧計之有主者居十之八九無主者居十之一二因各鄉墾冊戶口較多一時未及造齊除由卑職炬催造齊全另文申送並再隨時從嚴查擠陸續稟報外理合肅泐稟陳仰祈

大人核察批示再現報各產率由本年新闢圖省錢糧然訪之田鄰耆老均稱墾已多年久應輸完糧賦卑職炬現擬將新擠各產於明年一律啟征不許稍事避就其原報開墾已久本年例應輸糧各戶僅止五百餘畝科銀三十餘兩爲數旣屬無多而驗分冊案已定糧串又須重造應請從寬免繳以昭公允是否有當并請明晰批飭俾便遵辦再卑職嶙係候補人員會銜不會

印合併聲明

督憲劉批據稟已悉仰江甯布政司核明飭遵仍將查出續墾荒田

隨時稟報查考毋任隱匿併候

撫部院批示繳摺存

謹將前署句容縣事籌集經費整頓華陽書院議章稟稿

恭呈

憲鑒

敬稟者竊聞莅治親民先資教學興賢育材責在有司惟是卑

職行能無算末由振發人文激揚風教不模不範夙夜赬顏爰

查卑邑城西舊有華陽書院時當葺歷經始於宋公士集四方

學宗夫新建清風振響規模肅然尋奉詔書拓爲學院逮夫國朝學使改駐金陵縣令宋楚望因基重建捐俸延師權輿繼軌有宋存焉不墜宗風宏奬後進嗣遭兵燹巋然獨存經費蕩淪院田蕪沒雖經歷任及卑職諭紳清查按月捐廉課試而刼灰之之後存者無多然膏之資苦於無幾横經之舍靡集講學之堂遽空提倡無人經師遂遠徒使此邦人士抱質而遊譬諸堅金不鍊無以絢其采雖有璞玉不琢何以耀其光是以承平三十餘年文運不興科名久闃視諸志載代有達人名卜金甌李文定拜緋衣之寵功深石室張明經樹赤幟之聲先後盛衰何啻霄壤況夫華夷互市洋務競開尤宜潛究道腴培其柢旁

通西學廣其見聞視成事於簡編識時務爲俊傑若不悉心整頓設法裁成何以揚士氣而振文風育人材以充利用卑職乃捐廉俸修葺舊規復先捐廉一千貳百元以爲倡率於是城鄉紳富陸續踵捐連前所存積者共計洋二千數百餘十元錢七百餘十千文存諸典肆歲取子金以資膏奬至院長脩金火食每歲由縣捐廉卑邑儒學張訓導詳書道映庠門藝業通備聘主講席士論韙之卑職釐訂課程月分爲二一課詩文律賦以遵

功令用博科名一課經史時務之學讀書期於致用授政憂其不達凡軍國遠圖政刑鉅典要使甄明治體鑒練時機至於西學諸端由兹推廓再每月十三由縣考一次擇優豐奬

以勸學林庶幾爭自琢磨孳精實學唐書經籍載忠府之參軍華陽隱居有山中之宰相前賢曩哲當繼起焉除捐廉重修備關延聘並議章立案外合將籌議緣由開摺具文稟請仰祈察核示遵

計開

書院自兵燹後壇坫久虛清風輟響官斯土者時亦捐廉開課而一日之間發題呈卷四境人士鮮克與焉是以文風歷年未振聲教莫迄有司過也茲即舊址捐廉修葺幣聘院長爲學者津梁欲合諸生咸集横舍質疑問難有所依處爰訂章程一十七條列之於左

一經師人師古稱難得苟得其人乃足振士風而傳樸學張院長句邑儒學訓導品純學粹士庠景宗邑紳稟請主講乃由縣訂關聘如異日張院長調遷他邑仍由邑紳稟舉品學兼優者請縣訂關不必因此次成例專聘學官兼主近日書院講席縣官多持作情面至公與景仰之人庶無斯弊

一院長必請到館諸生得以親炙面命耳提乃有裨益曾通父云絶遥領旨哉言乎

一爲人必先立品爲學必先辨志儒先教條學規言之鑿鑿凡在院肄業諸生務宜砥礪廉隅敦崇學業如踰閑蕩檢自暴棄者院董禀知院長即行逐齋以謹院規而端士習

十四

一每年除正腊兩月不課外每月酌定三課十三官課四書文一試帖詩一限當日繳卷初三日師課四書文一試帖詩一律賦一限次日交卷二十三日師課經解一史論一時務策一鄉試之年或以經藝代經解亦限次日交卷院長評定甲乙仍緘送縣再行榜示以昭愼重

一此邑文苑代有聞人近日科名罕有作者得毋應試之學有未至乎書院向有官課試時文試帖茲復仍之增師課於時藝之外添一律賦願諸生弋取科名爲他日蜚聲詞苑張本惟作時文不根据經史不知古今事變烏能代聖賢立言以羽翼經傳即詩賦所以潤色鴻業漢志六畧别立一家固非典贍淵懿不

爲能事而從容諷議陳古砭今尤宜博通經史故再增師課課經解史論以覘諸生平日枕葄之功

一課士之法宜有敘有物各就其性之所近使爲孤詣不可以浩博無涯之事求備一人故胡安定分經義治事因質教授後世宗其成法然禮樂者道之體也兵刑者道之用也經傳者禮樂兵刑之藉也故漢儒以春秋決疑獄以禮定郊禘大典董仲舒公孫宏兒寬咸以經術潤飾吏事自經生徒守空文爲箐商申韓之學者出持政柄而經與事遂分茲願諸生考證聖經端其根柢坐論起行乃爲有用之學故課以經解兼策時務

一經學史學各有專家欲取兼通談何容易然治經者必讀史治

史者必通經觀其會通不可偏廢歷代因時爲治積事成史禮教雖有不同要皆直接聖經賢傳爲事準鑑古今事變之蹟天人相與之微因革利病之端見之深者可以發攄義理有功載籍至史記兩漢儒先師說多出其中班書尤無俗字古人之假借通用可以考見崖畧爲治經者識字之助茲願諸生剛日柔日蘊爲通儒故經史兼課

一學古所以知今也以古之道絜今之時得所折衷自不流於雜謬然荆公執拗亦有泥古之失故士人讀書當於古今事變之蹟推究因革損益治忽得失之由以爲康世之具近日洋務此非所謂古今之變耶太史公曰世異變成功大又曰好學深思

必知其意又稱因時爲業據勢爲資可知通變趨時存乎俊傑故時務之課尤宜亟焉

一時務之學所包者廣統中學西學而言之曰掌故學三通政典之學以及天文地輿兵家邊務律令測算考工方言格致農學商務礦務爲學不一浩如煙海尤非憑空可以臆說必先購置各書殫力研求乃能得之於心宣之於口書院規模草創經費太絀未能多藏書籍甚望後任同志者俟籌款稍充陸續購弆以書籍益人神智以人材爲國羽儀匪徒匡其陋劣未遂已也

一近日鄂督南皮尚書視蜀學日述輶軒語分行學文三科乃用保氏鄉三物教人之義又爲書目答問部居條分示人門徑袁

觀察中江講中江講院章程謂宜人置一本今師其意庶諸生於茫茫學海得其津梁

一每課名次本因文揚抑則每課膏獎亦隨課升降官課則由縣捐廉師課則以存欵之息院田之租按時支用俟續有捐欵再隨時酌加

一應課生童名數以每年二月初三甄別有名爲定如因事未與甄別者准次月隨課補考另案送錄惟抄錄陳文者除不取外扣除其名不准續考以示愧勵

一凡書院正副課名數皆有定額茲特不著爲例盖恐佳卷太多因額降屈或一課佳卷偶少因額敷數反失激揚敦勸之意至

膏獎多寡仍以每月所入之欵爲度不以一次取數偶少致留有餘

一院長每歲脩金洋一百六十圓火食洋八十圓齋長每歲薪資洋三十六圓一併由縣按季捐廉致送其間如前後任交接按日分攤以昭公允

一捐有成數分存本邑源裕源記兩典生息按月由縣取給諸生膏獎又舊存洋壹百元錢七百四十千文由董暫存各鋪按月取息併給膏獎

一院田清查墾熟田一百一十三畝一分地十九畝五分已縣署存案書泐碑冀垂久遠每年院董收租除完課外并同存欵之

息取給諸生膏獎酌提三成存作歲修書院之用如一歲無修葺工程即以此欵爲書院增購書籍每年用數院董造册報銷以昭核實

一官課點名給卷諸生先日報名禮房備卷由本官發給卷資至報名造册書辦本應從公不得藉爲索費師課由院董備卷卷資取諸公注以免賠累

督憲劉批據稟並摺均悉查該令以署任人員不吝解囊捐廉倡率整頓華陽書院延聘院長釐訂章程兼課經史時務每歲院長脩金火食及齋長薪資均由縣捐廉致送具見樂育人材盡心任事殊堪嘉許應准如稟立案仰江寧布政司轉飭遵照督董

妥爲經理務使垂諸久遠是爲至要仍候
撫學部院批示繳章程清摺存另單並悉

謹將前署江寧府句容縣事禀辦積穀章程敬呈

憲鑒

敬禀者竊維天災流行歲所常有泛舟乞粟自古猶然是以救荒濟民政莫善於積穀之設也卑邑自遭兵刼盤踞既久蹂躪最深承平垂三十年元氣猶未漸復汙萊滿境戶鮮蓋藏既不能藏富於民以爲之蓄允宜藏富於官以爲之備且以地勢而論旱潦均有可虞凶荒尤防疊至緣邑之形勢四面環山溪河絕少而高低錯雜尤復相去懸殊高者則勢若建瓴低者則形

如釜底每逢旱乾爲虐山鄉各田無水可車桔槔亦歸無用倘或梅汛過久山水陡發低窪處所適當其衝埂倒圩坍尠有不受其害者縱西南各鄉有赤山湖一道可以容蓄然淤淺已久一時亦難宣洩欲挑挖通濬非大工不能蔵其事燹後荒產民不願闢忍聽其荒蕪而不之顧者亦良以得不償失耳夫天時亦屬難齊地利又不足恃水旱之患有不得不預爲之防者所以積穀之備尤爲卑邑至急之務最善之政也乃查卑邑積穀自光緒四年奉飭勸辦始則捐穀繼則捐錢至光緒六年停辦止其捐穀二萬五千四百餘石內除光緒十一年圩鄉被水稟准賑放穀七千二十八石零又歷年照章借放穀石及折耗各

穀外截至光緒十六年實存各倉現谷一萬一千三百四石零民欠穀四千六百七十四石零董長虧穀欠四百五十九石零均經分年造册詳報有案至光緒十九年經舒前令以上年旱災頗重民情困苦稟准借放穀一萬二百十八石有奇此外則盡欠在民接年累計有加無減共欠穀五百九十八石零董欠穀僅追出三十五石尚欠穀四百十四石零實儲城倉現穀二百九十七石零卑職抵任以來按倉盤驗僅存城倉一處雖盤有折耗然其數無多尚在應耗之列至鄉倉各處則盡室皆空民欠董虧一未還繳當經嚴諭經董分別查追深想得能追清則不爲已甚准予寬其詳辦以勵將來乃追歷多時不獨顆粒

無還反以分飭嚴追目爲多事此皆聾瞶已久初未有以振發之所致也卑職因思是項積穀當時捐辦不易固無一任久欠之理且近年歲稱中稔若不趁此收回設遇災祲之年其將何備然參酌成案似必因地制宜畧爲變通始足持之以久約其切要其端有四一追穀免利以示體恤也查向章民借穀石還時應加利穀今歷年既久利積較多若本利併追民力深恐未逮應請概從寬免即照從前借放本穀由經借之董按戶追還并酌予限期統定三個月一律繳清如逾限不還提案嚴追其實在人亡產絕無從還繳者查明另行禀辦倘舊時民借早已還倉係經董從中侵虧則本利均須照還并當從嚴斥責其董

長名下原欠勒限兩個月歸還不還則飭提押追如再不還則紳革民辦不能再予寬宥倘本人業已身故則惟家屬是問法亦如之一提本存典以免侵挪也卑邑前辦積穀曾提二成錢文生息支銷以爲盤晒夫工之用度截至光緒十六年造册報銷止城鄉各倉預存息本錢一千六百六十四串五百六十六文又董虧錢一百五串三百二十文又存息支剩錢七十五串一百十三文查此款向由各董領存各店按年一分八釐生息縣中則一無所存據如光緒十九年積穀盡借生息無庸支用自應累息作本乃并未據各董分年造册呈報其中有無虧挪無從察核且即使官爲查詢亦可撥借彌縫殊非慎重公欵之

道現擬將近年生息及原領息本各有若干究竟存放何店是否殷實可靠先取具該店收據加蓋店號戳記送縣查核其原虧之董押令如數歸還并取領呈送俟稟案奉准概行提存典當開摺通送查攷雖生息僅得其半然歲支用度似足敷開銷且較之存店既爲妥當而又免各董侵挪之弊嗣後或聽本生息或提錢購穀隨時稟辦如有支取卽遵章稟請雙衙印諭不得擅自動支一偏災薄歲不准借放也夫春借秋還立法本善無如戶口繁瑣經理頗難無論如何查追終須蒂欠若因災放收更不易前次之欠乃明證也茲擬將民積穀一概追起每年於青黃不接之際斟酌情形或糶三存七或糶四存六各儘該

鄉貧民平價糴賣紳鄉行店不得從中漁利由縣酌價示諭以免弊端追秋穀告登即買補還倉其糶變錢文則存典生息爲酌給經董倉用暨買穀時價或有不足之需如是則易借放爲平糶穀既可免陳腐民亦得沾實惠雖無利穀之息可免追欠之煩如遇偏災薄欠不許藉端告借常年則更無論矣倘災成五分以上即稟請賑放一俟豐稔另行捐辦以實倉儲一歲更互換以重經董也各鄉董事係屬董率一方本應衆望交孚老成持重之人乃卑邑各董每每父傳子接形近把持殊屬不成事體現應力矯積習由該耆老各倉議舉經董二人不論紳民但須身家可靠輿論翕服者稟候給諭著充令其經管倉穀次

年春間則更換其一仍留一人在倉即飭原辦之董將當年糶穀錢文生息數目以及現存穀石逐一開造細冊交明新董按冊查清接手一面造冊加結呈縣以憑按倉盤量蓋逐年互換則舊董如有虧短新董必然稟揭斷不肯代人受過庶幾互相牽制事有監察可免朋比爲奸之弊矣以上四條卑職係因是項積穀不知幾費經營始得捐成此數今若仍聽虧欠則圖匱於豐其將何所恃耶況卑職旣承斯乏之何敢有避勞怨自當設法追繳以清積欠第欠數過鉅歷時又久縱使勒限嚴追恐言之匪艱行之惟艱總難悉數追出倘屆時追數不足自應移交後任一體接追以全備荒之政所有整頓積穀酌擬切要章程緣

十二

由理合肅泐稟請仰祈
大人察核批示祗遵再地方善舉官易其任往往循致寖廢卑職署
事期內倘或未及辦竣并請札飭接任查案照辦俾全斯舉合
併聲明恭請
鈞安伏乞
慈鑒卑職炬謹稟
督憲劉批察核所稟清釐積穀各條尚屬有見辦理亦肯認真深堪
嘉許仰江甯布政司核飭妥爲經理其歷年民欠穀石務祈按
限一律追繳還倉毋任拖延仍候
撫部院批示繳

謹將前署江甯府句容縣事籌辦保甲章程恭呈

憲鑒

一在城四賢祠設立總局而各鄉各鎮設立分局每局諭充正副董一二人

一十家聯爲一牌十牌聯爲一甲牌長甲長由正副董擇其老成持重者著充凡舖行及土客各戶男丁年貌籍業并工夥年籍寄住人籍業暨家屬男女名口數由牌甲長按戶逐細查明塡注十家牌正副册塡畢將牌即發該戶門首實貼正副册限五日交局該局於半月內將正册彙數繳縣聽候隨時抽查副册存局如有生卒遷移隨時更注以便抽查時弔核所有牌甲長及

同牌九家姓氏亦於牌冊內一體同塡以憑查核至紙章刊刷等費概由印官捐廉給發該牌甲長不得籍端需索致滋騷擾

一數家同門出入無論同姓異姓各編各戶零落孤村四無隣佑附入相近村莊一體編查

一煙舘并寺廟菴觀最易藏奸其僧尼道士及顧工住單人數年貌由牌甲長一律認真編查塡明牌冊煙舘則依樣編查外定限二更熄燈不准容留面生之人違即提案嚴究

一正副冊之外另編一冊凡有竊賭窩匪窩娼并開設煙舘作奸犯科之人該牌甲長一面傳諭趕速改圖正業勉爲良善一面於塡明牌冊後再行塡入另冊併起送局彙繳以憑區分良莠

如一家數人一人不肖即將不肖之人分填入另册其戸仍歸入正副册其正副册内註明某戸人入另册字樣一年無過查銷如有劣跡較著不服填入另册者報局送究該牌甲長亦不得挾嫌故入致抱不白之寃

一自此次編查諭禁之後如牌甲内再有痞匪拐匪邪匪以及窩賭窩盜窩娼并窩留種種匪類該牌甲長立刻告知正副董捆送來縣以憑重辦如敢徇情不首别經發覺除將匪徒窩主照例究辦房屋入官外并連坐牌甲長及同牌九家以知情庇隱之罪正副董奉行不力另選接充

一城鄉客寓飯店自備循環號簿凡遇過客住宿詢明來歷按名

塡註簿內由牌甲長逐日逐細查對屆十日將循環簿送局查核由正副董加註查明字樣又十日將循簿送查換領環簿循去環來迭相更換迭加查註如有形迹可疑之人該鋪主密告牌甲長及正副董立往盤查果係匪徒立拏送究毋得故縱致干重咎

一現奉

憲飭提前趕辦冬防所有各牌甲內應用燈鑼器械旗幟并草堆望桿各物由董趕緊督飭公同置辦并按段酌派壯丁無分雨夜梭織巡邏遇有盜賊立卽鳴鑼爲號并日則望桿樹旗夜則草堆放火俾附近村莊一望而知爲某處有警照此鳴鑼兼應四

面禀拏如有捕獲送究從優給賞如有臨時格殺照例勿論

計開客店章程

一過客無行李無衣服者不准留宿

一過客無來踪無去處者不准留宿

一過客入舖後如係正經生理須在本地販賣者聽憑久住其餘過客祇令一宿不准逗遛

一過客髮長不剃衣服垢骯者或頭面身體手足受有傷痕者均係逃犯立報董長盤查

一過客言詞閃爍出入無常或往來之人踪跡詭秘者恐係勾結爲匪立報董長查盤

一過客攜帶行李如見男女美華衣服金玉器皿及非尋常應帶之物恐係搶刼而來立報董長盤查

一以上各層應報不報別經發覺即將該店戶封閉并治以窩匪縱匪之罪

一各舖各備循環號簿凡遇過客歇宿詢明年貌籍業行李夥伴來踪去路逐細填註簿內牌甲長逐日查對届十日將循簿送交保甲局查核由正副董加註查明兩字又十日將環簿送查換領循簿循去環來迭相更換送加查註如敢故違不查填送核即由局董禀縣提究押閉

附開號簿式該客店遵照查填毋遺毋錯

某姓名係某府某州某縣本縣某鄉人年幾歲係何項生理隨帶行李某貨幾担於某月某日入舖某月某日出舖由某處來向某處去同行某某同夥另客仍照前式詢明另填

督憲劉批察核所議各條連坐一法應隨時察酌案情分別辦理至公置器械派捐募丁流弊甚大應再詳查核議其餘尚屬周妥但須切禁吏胥紳董人等不可借索飯食夫馬紙筆油燭之費致滋擾累仰江蘇按察司即飭遵照會督營汛巡典各員并督率紳董認真辦理毋始勤終怠是爲至要仍候撫部院批示繳摺存

十五